大学生
职业规划与创新教育探索

严　颖 ◎ 著

吉林出版集团股份有限公司

图书在版编目（CIP）数据

大学生职业规划与创新教育探索 / 严颖著． — 长春：
吉林出版集团股份有限公司，2021.8

ISBN 978-7-5731-0296-6

Ⅰ．①大… Ⅱ．①严… Ⅲ．①大学生－职业选择
Ⅳ．① G647.38

中国版本图书馆 CIP 数据核字（2021）第 164630 号

大学生职业规划与创新教育探索

著　　者	严　颖	
责任编辑	曲珊珊	
封面设计	林　吉	
开　　本	787mm×1092mm	1/16
字　　数	240 千	
印　　张	10.75	
版　　次	2021 年 11 月第 1 版	
印　　次	2021 年 11 月第 1 次印刷	
出版发行	吉林出版集团股份有限公司	
电　　话	总编办：010-63109269	
	发行部：010-63109269	
印　　刷	北京宝莲鸿图科技有限公司	

ISBN 978-7-5731-0296-6　　　　　　　　　　定价：79.00 元

前　言

　　大学生创新创业教育是以培养高素质的创新人才为目的，以提升大学生的创新意识、训练其创新思维、提高其创业能力为目标，以科学的创新创业理论和实践为内容的关注人的发展和人生规划的教育；也是结合专业教育，通过传授创业知识，培养学生的创业能力和创业品质，使学生毕业后能够顺利步入社会，实现自主创业和自我发展的教育。高等院校依法依规对大学生开展创业教育，鼓励和扶持大学生创新创业活动，着力培养大学生的创业意识、创新精神、创业知识结构、创业能力等综合性的创业素质。高等院校在进行创新创业教育时，以创业理论知识为基础，培养学生的创新意识和思维，提高学生的创业素质和能力，理论结合实践，通过校企、校地、校校联合帮助学生进行社会实践，掌握创业知识，激发创业精神，树立创业意识。此外，创新创业教育能够推动就业，提升大学生的就业竞争力。

　　当前社会的快速发展，要求大学生具备较强的综合素质和能力，很多毕业生在就业岗位上的不适应，也促使高校结合当前社会实际，优化职业规划课程设置，促进教学与实践相结合，同时重视大学生创新创业教育，引导他们对未来职业目标进行科学合理的规划，发挥职业规划对提高大学生双创能力的积极影响。

　　本书基于职业生涯规划视角，分析职业生涯规划与创新创业教育，主要内容包括职业生涯规划概述、职业规划环境和发展、就业和求职、职业生涯规划管理、创业教育、创新能力与创新创业教育等相关内容，并提出大学生创新创业能力提升的有效路径。

　　需要说明的是，本书在具体编写的过程中，参考和借鉴了诸多相关专业的书籍与资料，在此对相关作者表示感谢。由于作者水平所限，书中不妥之处，恳请读者批评指正。

目　录

第一章　职业生涯规划概述

第一节　职业生涯规划的基本概念

一、什么是生涯

在日常生活中，我们经常听到"生涯"一词，如"艺术生涯"、"戎马生涯"、"学术生涯"等说法。《现代汉语词典》对"生涯"一词的注释：生"活着"，涯"边际"；"生涯"即人生的轨迹。中国古人的诗词中也有"生涯"这个词，如南宋诗人陆游在《秋思》中写道："身似庞翁不出家，一窗自了淡生涯。"《辞海》对"生涯"一词的定义是：指从事某种活动或职业的生活。我国古代著名的大思想家、教育家孔子在《论语·为政》篇中总结了他一生的学习、修养过程："吾十有五而志于学，三十而立，四十而不惑，五十而知天命，六十而耳顺，七十而从心所欲，不逾矩。"

生涯的英文是 career，从字源上看，来自罗马字 via carraria 及拉丁字 carrus，二者的意义均指古代的战车。在希腊，career 这个字有疯狂竞赛的精神，最早常用于动词，如驾驭赛马（to career a horse）。在西方人的概念中，使用"生涯"一词就如同在马场上驰骋竞技，隐含有未知、冒险等精神。现生涯多被引申为人生发展历程。在汉语中，career 也被翻译成职业生涯。因为时代不同、视角相异等因素，国外学者对生涯的定义也有所不同。目前，大多数西方学者所接受的生涯的定义是舒伯（Super，1976）的论点：生涯是生活里各种事态的演进方向和历程，它统合了人一生中的各种职业和生活角色，由此表现出个人独特的自我发展形态。简单地说，生涯是人从出生到死亡的过程，即除了职业角色之外，还包括任何与工作有关的角色，如学生、退休者，甚至包含家庭和公民的角色。

生涯概念的提出给我们一个系统地探看自己人生或职业发展的视角。这一视角引领我们透过生活或职业中的行为、感受，看到自己内心的渴望，并以此为动力去建构自己的人生。生涯不是一个静止的点，它是一个动态的历程；不只发生在人生的某个阶段，而是如影随形，相伴人的一生。同时，因为遗传、家庭、经历、所处社会环境等的不同，每个人的生涯也会不同。所以，生涯的发展是个性化的发展，即使处于同一时代或同一文化背景下的人们，因为生涯发展中其他因素的影响，每个人都会有属于自己的生涯。

二、什么是职业

（一）职业的概念

职业不是从来就有的，它是伴随着社会分工的出现而产生的。在原始社会初期，生产力低下，人们在生产劳动中形成了简单的自然分工。如成年男子外出作战、打猎、捕鱼等，并制作从事这些活动所必需的工具；妇女采集果实、从事原始农业、管理家务、抚养孩子、制备食品和衣服。但是，那时还没有出现职业，因为还没有固定从事某项专门工作的人群。

随着社会生产力的发展，人类社会开始出现了游牧业与农业的分离，之后是手工业与农业的分离，再后来又出现了专门经营牧业、农业和手工业产品交换的商业，这就是人类社会发展史上的三次社会大分工。伴随着社会分工，出现了牧民、农民、工匠、商人等职业。随之而来的是私有制的产生，阶级的出现又带来了体力劳动和脑力劳动的分工。人类社会就这样产生了各种各样的职业。由于职业的产生是由社会分工引起的，因此，社会分工的发展必然决定和制约着职业的发展变化，在这种发展变化过程中，新的职业不断产生，旧的、过时的职业逐渐被淘汰。

什么是职业呢？如果人们仅凭直观的经验理解，职业就是我们所从事的工作，但这样的理解是有失偏颇的。从词义学的角度来讲，"职业"中的"职"字，有"社会责任"、"天职"、"权利与义务"的含义，而"业"这个字，有以某些特殊的技能"从事某种业务"、"完成某种事业"的含义。既然是从事一定的专门的工作，当然需要相应的技术和技能；另外付出了劳动，当然是要有合法收入的。收入的多少也反映了社会经济的发展水平，劳动当中相应的资源使用和调配的权利也成为一种社会地位的象征。所以，准确地讲，职业是人们利用专门的知识和技能在社会中所从事的有稳定、合法收入的活动，既是人们为社会做贡献、实现人生价值的舞台，也是人们谋生的手段。有稳定、合法的收入，是职业这种特定的劳动区别于其他社会劳动的主要特点。

（二）职业的构成要素

职业主要由五个要素构成：

1. 职业名称

职业的符号特征，它一般由社会通用称谓来命名。

2. 职业主体

从事一定社会分工活动、具有承担该职业活动所需要的资格和能力的劳动者。

3. 职业客体

职业活动的工作对象、内容、劳动方式和场所等。

4. 职业报酬

通过职业活动所取得的各种报酬。

5. 职业技术

劳动者在从事职业活动中所运用的自然技术、社会技术与思维技术的综合。它体现在人们从事职业活动时使用工具、材料、工艺方法的发展和应用，也包括尚未形成系统的经验。

（三）职业的意义

职业是人们在社会中所从事的作为谋生手段的有偿工作种类。无论是对于个人还是社会的生存与发展，都具有十分重要的影响。

职业在人们的社会生活中居于重要地位，它不仅是个人谋生的需要，同时也是人们贡献社会、实现自我的舞台。职业对个人的作用主要体现在：

1. 维持生存

"民以食为天"，个人通过就业实现生存的需要，获得个人最基本的安全感。在谋生的过程中，个人通过职业活动为社会创造着物质财富和精神财富，为人类的繁衍和社会的发展提供保障。

2. 职业为个人发展自我个性、实现自我价值提供了空间

人生价值的实现，无论从哪个方面看，都离不开职业活动。职业规定了一个人的工作岗位及其奋斗目标。个人只有以工作岗位为起点，将丰富的知识、熟练的技能出色地运用于职业活动，创造出一定的效益回报社会，才能实现与社会整体的融合，并因而实现自己的人生价值，满足个人对归属、爱、尊重和被尊重的需要。

3. 职业使人获得了社会地位

职业依据人们参加社会劳动的性质和形式，形成了不同的社会集团，即不同的社会层次。它是区别人们在社会劳动分工中的具体劳动形式及承担的具体工作类型。一方面，由于各种职业主体的劳动方式、经济收入的不同，形成了不同的职业层次；另一方面，又由于政治、经济、文化、历史等方面的差异，形成了特定的等级、地位和身份。

职业对于社会来说，具有实现社会控制、维持社会运转、为社会创造财富的功能。

（四）职业的特性

职业特性反映了职业主体在长期的实践活动中所形成的与其他形式的劳动相区别的本质属性。

1. 社会性

职业充分体现了社会分工，是社会生产力发展的产物，每一种职业都体现了社会分工的细化，体现了对社会生产和社会进步的积极作用。社会成员在一定的社会职业岗位上为

社会整体做贡献，社会整体也以全体成员的劳动成果作为积累而获得持续的发展和进步。职业的社会特性反映出不同的职业承担着不同的社会责任，不同职业人应当了解自己承担的职业角色，完成自己的使命。

2. 经济性

职业活动是以获得谋生的经济来源为目的的。劳动者在承担职业岗位职责并完成工作任务的过程中要索取报酬，获得收入，一方面这是社会、企业及用人部门对劳动者付出劳动的回报和代价，另一方面，劳动者以此维持家庭生活，这是保证整个社会稳定的基础。

3. 技术性

从某种意义上讲，职业的技术特性标示了职业的专业色彩。尽管每一种职业所表现出来的技术性要求程度不同，有的甚至具有较大的差异性，但它们都是职业得以存在的基本表现形式。因此，自职业诞生之初，社会上就不存在没有技术的职业。任何一个职业岗位，都有相应的职责要求，能胜任和承担岗位工作的人，除了达到该岗位职业道德、责任义务、服务要求以外，至少要达到持证上岗的技术标准。

4. 稳定性

任何一种职业都要经历一个从酝酿到形成，从发展到完善，再到消亡的变化过程。一般来说，构成职业生存的社会条件变化是比较缓慢的。职业的生命周期具有相对的稳定性。当然，这种稳定性是相对的，随着现代社会经济、科技、文化的快速发展，特别是科学技术的日新月异，促使原有职业活动产生变化。如果这种变化只是在量的层面上，说明这个职业为社会所提供的功能仍然存在，如果这种变化反映在质的层面上，则意味着这个职业已经没有存在的价值，完成了的历史使命，或被新生职业所取代。

5. 群体性

职业的存在常常和一定的从业人数密切相关。凡是达不到一定数量的从业人员的劳动，都不能称其为职业。当然，群体性并不仅仅表现为一定的从业人员数量，更重要的是一定数量的从业人员所从事的不同工序、不同工艺流程表现出的协作关系，以及由此产生的人际关系。从业者由于处于同一企业、同一车间或同一部门，因此，他们总会形成语言、习惯、利益、目的等方面的共同特征，从而使群体成员不断产生群体认同感。个人对相关职业特征的了解和认同，能够促进其更有效地实现就业和进一步的职业生涯发展。

6. 规范性

职业的规范性有两方面的含义：一是职业主体所从事的职业活动必须符合国家法律规定和社会伦理道德准则。在我国，某些人所从事的活动尽管具有前述的各种职业特征，但是他们的活动目的和内容不符合国家法律法规规定，或有悖于社会伦理道德的准则要求，如有组织的非法生产加工、非法包工、贩毒活动等，因而这些社会群体活动并不属于正当职业范畴。二是从业者本身应遵守的法律法规，如某些职业的从业者应持证上岗，某些职业的从业者在操作过程中须遵守特定的法律法规等。毫无疑问，了解和遵守职业规范对个人职业生涯的发展非常重要。

三、什么是职业生涯

（一）职业生涯的概念

通过前面"什么是生涯"的介绍，我们知道，"生涯"的意思是有生之际，即人的一生。一个人一生可能在一个固定的岗位上从事一个职业，也可能经历若干个岗位、若干个职业甚至若干个不同的行业。其实一个人一旦通过选择或选拔进入职业组织或特定的岗位，他的职业生涯就开始了。对于职业生涯，有的人认为是指个体在一个职业中拥有的持续地位。这个定义强调了个体在一个职业中稳定、持续的地位，排除了各种变动的情况；也有的人认为职业生涯是个体在一个组织中的流动。这个定义肯定了个体在职业生涯中的变动，如纵向的变动—晋升，横向的变动—轮岗、转岗。

不过这两个定义有两个盲点：

第一，员工并非终身待在一个职业或组织中；

第二，员工的职业兴趣也并非一成不变。

这两种说法的问题在于他们都是站在职业组织的角度，而没有站在劳动者个体的角度来看待职业生涯。随着社会的发展，个体选择机会的增加，职业生涯更多地受到个人职业兴趣与职业动机的影响，因此，对职业生涯这个概念的定义也更趋向于个体主观上的把握。职业生涯，亦称事业生涯，是指个体职业生活的历程，包括职业的维持与变更、职务升迁与职位的变动等，它是个体职业发展的整体"路线图"。

对初涉职场的个体来说，职业生涯是个体对未来职业发展道路的预期；而对身在职场的个体来说，职业生涯既包括对未来职业发展的预期，也包括对过去从业经验的总结。

（二）职业生涯的阶段划分

职业生涯贯穿我们的人生，在人生发展的不同阶段会有着不同的职业需求和人生追求，因此，从发展过程来看，我们的职业生涯一般会经历几个不同的发展阶段，见表1-1。

表 1-1　职业生涯发展的五个阶段

职业生涯发展阶段	年龄	主要使命
1. 选择职业，为职业做准备（成长）	大多数人是0-25岁，少数人不定	建立职业方面的自我形象，对可选择的职业进行评价，初选职业，继续接受必要的教育
2. 参加工作（探索）	大多数人18-25岁，少数人不定	获得所向往组织的工作，根据准确的信息选择合适的工作
3. 职业生涯早期（建立）	25-40岁	学会工作，学习组织规则和标准，适应所选职业和组织，提高能力，实现梦想

4. 职业生涯中期（维持）	40-55 岁	再次评价早期职业和青年时的使命，再次肯定或修正梦想，为中年时期做出适当的选择，保持工作能力
5. 职业生涯晚期（衰退）	55 至退休	保持工作能力，维持他人对自己的尊重，为实际退休做准备

通过上面的介绍我们知道，在生涯发展的每一阶段都有一些特定的发展任务需要完成，即每一阶段需要达到一定的发展水平或成就水准，而且前一阶段发展任务的达成与否直接关系到后一阶段的发展。

当然，不同的人，由于个人条件和外界环境不同，其职业阶段也呈现出不同的特点。从事不同职业的个体其职业阶段也往往不同。

四、什么是职业生涯规划

（一）职业生涯规划的概念

通过对生涯概念的了解，我们知道，职业生涯规划不应该简单地等同于找工作，或者仅仅与工作相关。当然，这个概念也是经过几十年的发展，才有了更为广泛的含义。职业生涯规划最早起源于 1908 年的美国。有"职业指导之父"之称的帕森斯（Frank Parsons）针对大量年轻人失业的情况，成立了波士顿职业局，首次提出职业指导的概念。从此，职业指导开始系统化。在随后的几十年中，心理测验的蓬勃发展促进了职业指导的扩展。第二次世界大战中对大量不同人才快速分类与安置的需要和战后复原人员就业安置的需要，使职业指导成为一种时髦。当时的职业指导主要关注人职匹配，内容以测评和提供职业资讯为主。到五六十年代，舒伯等人提出"生涯"的概念，于是生涯规划不再局限于职业指导的层面。舒伯的生涯发展理论将生涯的过程视为从出生到死亡，包括成长期（0-14 岁）、探索期（15 — 24 岁）、建立期（25 — 44 岁）、维持期（45 — 65 岁）和衰退期（65 岁以上），如图 1-1。大学生的生涯发展阶段属于探索期，这个阶段主要的生涯发展任务是从多种机会中探索自我，逐渐确定职业偏好，并在所选定的领域中开始起步。

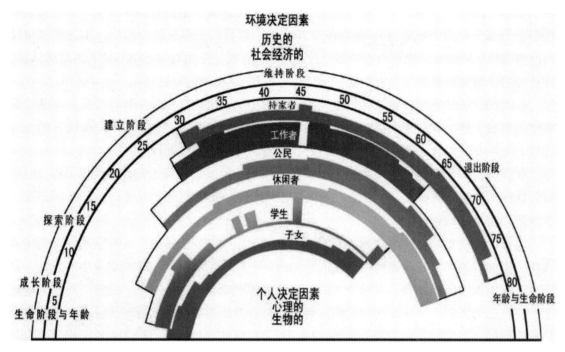

图 1-1 舒伯的生涯彩虹图

从舒伯的生涯彩虹图中，我们可以看到生涯规划立体化了。以多层次的视角看到在个人发展中不同时期不同角色的意义和相互间的影响。从长度上，它包括了一个人从生到死的全部生命历程；从空间上，并不局限于对职业角色的关注，

同样重视非职业角色对一个人生涯的影响。舒伯认为，持家者、公民、休闲者、学生、子女、配偶、退休者等的角色和工作者的角色都是一个人自我概念的具体表现。这里的自我概念包括个人对自己在兴趣、能力、价值观以及人格特征等方面的认识，是个人生涯发展历程的核心。工作与生活满意的程度，取决于个人能否在工作上、职场中以及生活形态上找到展现自我的机会。

在舒伯的理论中，生涯规划更注重职业对人的意义。该理论认为，一个完美的人生，未必仅仅依赖于职业角色的完美与否，更多的非职业角色使人生有更多自我实现的可能性。好比一个学生的兴趣，如果不能从专业学习中得到百分之百的释放，那么就要认真规划一下自己的休闲角色，从而获得更多的自我实现。关于非职业角色对生涯发展的意义，台湾学者金树人先生的描述很生动、贴切，他说："生涯辅导是将休闲视为生涯当中与教育、职业不可分割的部分：宛如一幅画中，留白的部分也同时构成全幅画的精髓；又似一盆插花，空间的部分也是花道的精华。"

在美国，生涯教育运动开展得也很普遍。生涯教育是美国广泛实施的咨询活动和学校心理辅导的重要组成部分。1971 年，美国教育总署对生涯教育所下的定义是："一种综

合性的教育计划，其重点放在人的全部生涯，即从幼儿园到成年，按照生涯认知、生涯探索、生涯定向、生涯准备、生涯熟练等步骤逐一实施，使学生获得谋生技能，并建立个人的生活形态"。美国职业教育学会 1972 年在推广教育的工作报告中指出，生涯教育是针对所有国民，从孩提时代至成年的整个教育过程。它能使学生对学习的目的有清楚的认识，并且对将来所要从事的工作有热忱，这是整个教育事业的重心与目标。

在美国，从幼儿园开始就有生涯辅导，在中小学，更是有多种多样旨在扩展生涯经验和增进自我了解的职业探索活动和教育活动。生涯辅导不是以"一个萝卜一个坑"的方式进行人与职业的组合，而是融入个体的自我发展、角色的发展进程。

在我国，职业生涯规划还是一个比较新的概念。很多大学新生会有生涯规划离自己还很远这样的想法。其实不然，从大一开始做生涯规划，起步已经不早了。我们必须知道，生涯规划越早开始越好。

那么，什么是职业生涯规划呢？职业生涯规划也叫"职业规划"。在学术界人们也喜欢叫"生涯规划"，其实表达的都是同样的内容。职业生涯规划，又叫职业生涯设计，是指个人与组织发展相结合，在对个人职业生涯的主客观条件进行测定、分析、总结的基础上，对自己的兴趣、爱好、能力、特点等进行综合分析与权衡，结合时代特点，根据自己的职业倾向，确定其最佳的职业发展目标，并为实现这一目标做出行之有效的安排。换句话说，就是个人对自己的成长背景、目前的资源以及未来可能的行进路径等，都有了相当程度的认知后，按照时间的先后顺序以及对个人的重要程度，为自己人生愿景的实现所做的妥善安排。事实上每一个抉择都有其利弊得失；不同的生涯决定当然会导致个人未来职业生涯发展路径的不同。

（三）职业生涯规划的特征

职业生涯规划具有个性化和开放性两大特征。

1. 个性化

由于个人职业生涯的规划、选择和发展受到个人成长环境、文化背景、性格类型、价值观、能力、职业生涯目标、职业生涯成功的标准等因素的影响，不同的人的职业生涯选择必然是不相同的，因此，职业生涯规划也只能是个性化的发展蓝图。组织和企业不能把既定的职业生涯规划强加在个人身上。

2. 开放性

因为人毕竟是生活在社会中的，如果个人在制定自己的职业生涯规划时，不考虑社会和企业环境的需要和发展趋势，只从个人愿望出发，也不听从别人的意见和忠告，只顾一味闭门造车，别说你的规划无法实现，仅就规划执行中可能遇到的强烈挫折感就会让你沮丧不已，因此，一份有效的职业生涯规划必须是在对客观环境审时度势的基础上，广泛听取领导、同事、家人以及职业顾问的意见之后才制定出来的。

（四）职业生涯规划的原则

职业生涯规划的过程是个体探索自我、科学决策、统筹规划的过程，为保证职业生涯的实用性和科学性，应遵循以下四个原则：

1. 量体裁衣原则

这是做好职业生涯规划应当始终遵循的原则，也是最重要的原则。人与人之间的内外在条件有很大差异，他们的发展潜力无疑也会有很大的不同，因此，职业生涯规划是一项完全个性化的任务，没有统一的定式，需要结合个体的具体特点进行设计。

职业生涯规划前，不仅要对个体的内在素质，如知识结构、能力倾向、性格特征、职业喜好等进行全面测评，而且还要对个体外部的职业环境和职业发展的资源等进行系统评估。既考虑个体的职业发展动机，又考察其成功的可能性，从而为个体设定相应的职业发展目标和具体的发展规划。

2. 可操作性原则

每个人都说有目标和计划，但并非每个人都可以实现自己的目标，完成自己的计划，甚至有人根本不知道自己是否完成了计划。这就是目标和计划的可操作性。职业生涯规划就是为个体设定达成理想目标的规划和步骤，因此，这些内容本身应该是具体明确的，而不能是空洞的口号。

职业生涯的可操作性主要包括目标的现实性、计划的科学性和效果的可检查性三个方面。所谓目标的现实性，是指个体目标的设定应该建立在个体现实条件的基础上，是对个体现实资源的真实评估和科学预期，是可以达到的目标，而不能是好高骛远的空想；所谓计划的可行性，是指为个体制定的计划是非常具体的，是依据他们现有能力可以完成的行动计划；所谓效果的可检查性，是指目标的实现和计划的执行情况以客观事物为标准，是可以度量和检查的。

3. 阶段性原则

对职业生涯发展来说，人生的不同阶段承担着各自的发展任务，需要解决相应的发展问题。因此，职业生涯规划也应结合个体的年龄特征，确定具体的发展方向，制定阶段性的发展目标。在现实与最终目标之间设定一个个阶段性目标，就像从山脚到山顶的一级级台阶，每迈一步都能够感到自己在向终极目标前进，奋斗的过程变得不那么缥缈，而是更具体、真实。

当然，在个体自身条件或外界环境发生改变时，所设计的理想目标、阶段性目标都需要相应的改变，这就要求所设计的目标存在可调整的空间，可以根据实际情况进行改变。即使是最终目标，也需要结合不同阶段性目标的完成情况进行不断修正。

4. 发展性原则

发展性原则是指为个体设计职业生涯发展规划时，不仅仅局限于个体当前的发展，而且要考虑到个体未来的职业发展空间，职业生涯规划要有超前性和预测性。因此，职业生涯规划应基于影响职业发展的核心因素和本质因素，而不是表面现象进行。例如，个体对企业文化的认知、合作与责任意识的水平可以长期影响个体的职业发展，而个体的外部形象和面试技巧仅仅能够说明个体短期的职业发展状况。因此，职业生涯规划要评量更核心和本质的因素，从个体长期发展的角度设计职业生涯规划。

总之，在进行职业生涯规划时，需要从个体的实际情况出发，根据其不同的年龄特征，制定具体可行的发展规划，同时兼顾近期目标和未来发展的关系。

你是否开始思考自己未来的生涯计划了呢？未来你是要继续升学、直接就业还是要先就业一段时间后再升学呢？或者还有其他的途径？如果要升学，是要读本科，还是要工作两年之后直接去考研？如果要就业，是要从事本行业，还是要从事相关工作或者改行？这一切的问题都是值得你思考的。这些都是我们制定职业生涯规划时要考虑清楚的。

第二节　职业生涯规划的目的和意义

一、职业生涯规划的目的

职业生涯规划的目的绝不仅仅是协助个人按照自己的资历条件找一份工作（即依据个体的主客观条件把主观的目标转化成详细的计划和实施步骤，把个体主观的需求转化成内在的动机，把个体的特质与职业的要求相关联，为将来的就业做好充分的知识储备、技能训练和经验积累，以期达到个体主观愿景的实现 ——找到一份比较理想的工作）；更重要的是帮助个人真正了解自己，为自己定下事业大计，筹划未来，拟定一生的方向，并进一步详细估量内、外环境的优势和限制，设计出合理可行的职业生涯发展规划，以实现人生价值的最大化。可见，职业生涯规划的实施过程是一个自我管理、自我提高、自我完善和自我激励的过程。作为大学生应当通过制定个人的职业生涯规划，树立正确的人生观、价值观和就业观，在大学生活中应当努力学习，刻苦钻研，拥有积极的心态和乐观的情怀，为自己的职业规划目标（即我们通常所说的志向）而奋斗。

需要明确指出的是，职业生涯规划不是"替人算命"，它的科学性源于被设计者对自身及所处的内部和外部环境的科学分析。随着时间的推移，当个体自身条件和外部环境发生改变时，就需要修正所设定的发展路径，甚至调整职业目标。因此，职业生涯规划不是一劳永逸的，它是个体在职业发展过程中不断调整和完善的产物。

二、职业生涯规划的意义

职业生涯规划是一个过程，规划的功能在于为职业生涯设定目标，并找出达成目标所需采取的步骤。目标可以为人生带来希望和意义，奥地利心理学家维克多·弗兰克凭借生命的意义成为奥斯维辛集中营中少有的幸存者之一，并开创了心理治疗中的"意义疗法"。他说："你不要去问生命，你应该要回答生命对你的质询。"在职业生涯规划中，目标的制定是一个探索过程，这个过程帮助一个人逐渐去理清生命的价值与意义，并用行动去实现它。好像为飘忽不定的人生加了一个锚，无论风雨来自何方，人生之船都自有它的力向。

米凯洛奇（Betty Nevile Michelozzi，1998）指出：职业生涯规划有突破障碍、开发潜能和自我实现三个积极目的（见图1-2）。一个人最大的幸福，是能以自己选择的方式生活。择其所爱，爱其所择的结果，会使一个人以己为荣，并呈现出圆融、丰足、喜悦、智慧和充满创造力的气质。

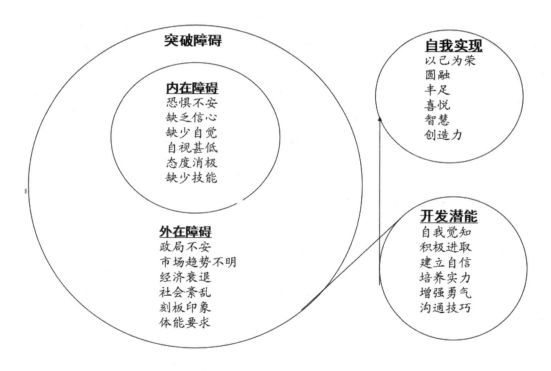

图1-2 生涯规划的三个积极目的

在生涯发展过程中，很多学生对追求理想的工作或人生目标充满疑虑；还有的学生甚至不敢去想象或者设立理想目标，因为觉得那是不可实现的。其实，阻碍学生插上理想的翅膀、迈出勇敢脚步的原因通常来自如图1-2中所示的两种原因：内在障碍和外在障碍。

内在障碍通常是由一个人对自己的不了解、低评价、不自信或者无安全感造成的。例如，有的学生很难看到自己的长处，总用自己的短处和别人的优势相比，内心从未觉得自己有可用或特别之处。所以，在找工作时，缺乏信心，总感觉自己这也不好，那也学得不够，还没做好踏入社会的准备，从而影响自己找好工作的信心，影响自己在面试等环节中的表现。这时不如看看自己的优点和资源，允许做个"不完美"的人，真正全面地了解和接纳自己，从而避免自我低评价对找工作的影响。

外在障碍则来自一个人所处的环境，通常与就业政策不足、市场的难以预测、

经济衰退和社会环境混乱等相关。一个没有生涯目标的人，很容易受外界因素的影响。例如，两个大学生，有着同样普通的家庭背景，毕业时找到的工作也都不理想。客观上大学扩招之后的就业竞争加剧的确多多少少影响了他们找工作，但对于有自己生涯目标的学生而言，因为对未来充满希望，所以更容易积极面对并不理想的工作，努力从工作中获得和培养自己实现目标所需的能力和资源，把这当作迈向理想目标的第一步。而另一个没有任何生涯目标的学生，可能更容易抱怨社会、哀叹自己生不逢时，没有早几年出生，没赶上"大学毕业生是天之骄子"的年代……因为看不到希望，他很难从内在积极应对困境，将找不到好工作进行外归因，更觉得自身没有能力。所以，两位大学生在毕业时人生的起跑线是相同的，却可能因为有无生涯目标导致人生希望的不同：一个充满力量，能克服困难、积极进取；另一个感觉被环境所左右、怨天尤人、随波逐流。尼采说："懂得为何而活的人，几乎任何痛苦都可以忍受。"生涯规划可以帮助人们设立目标、带来希望，从内在带来动力有勇气去面对困难，敢于冒险，从而突破发展中的内外障碍，最终实现幸福人生。

三、职业生涯规划的内容与步骤

其实，职业生涯规划并不难，它和制定一份旅游计划有很多相似之处。如目标的制定、实现的过程，都和一个人的兴趣爱好和自身条件等相关，对目标和过程的选择没有绝对的好坏之分。俗话说，条条大路通罗马。不同的路有不同的风景，所以在旅游行程的选择上，没有哪条路是绝对好的，只有对某人某时比较合适的路。对个人的生涯发展来说，也是如此。对目的地信息的了解，可以让行程更有把握。无论对信息有多么细致的了解，也要有应对风险和意外的心理准备。你能否如愿以偿地实现目标，这在很大程度上取决于你是计划的推动者还是依赖别人或环境，后者常让人陷入抱怨而无所作为。

每个人都渴望成功，但并非都能如愿。了解自己、有坚定的奋斗目标，并按照情况的变化及时调整自己的计划，才有可能实现成功的愿望。这就需要进行职业生涯的自我规划。一个系统的生涯规划应当包括觉知与承诺、认识自我、认识工作世界、决策、行动和再评估/成长六个步骤，如图1-3所示。

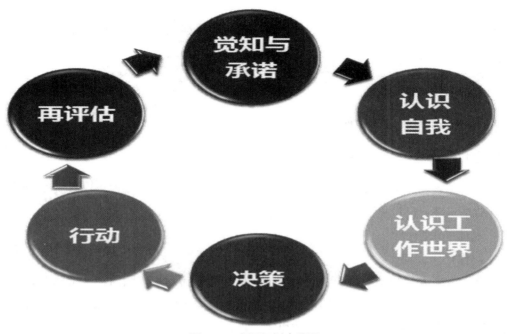

图 1-3　生涯规划步骤图

（一）觉知与承诺

在这个阶段，学生了解到生涯规划的重要性和作用，并愿意花时间来规划自己的生涯。但要提醒学生：生涯规划是一个过程，是一个面对生涯发展的态度，它未必能立竿见影，马上为自己带来理想的工作。因此，在长期的追寻摸索过程中，必须给自己一个承诺：为了自己的幸福，会全力以赴，但若一时不如人愿，也不能放弃。在这过程中，需要有决心与毅力，对规划有着合理的预期。

（二）自我探索

系统化职业规划是一个"从内而外"的过程，必须在充分且正确地认识自身的条件基础上进行。需要审视自己、认识自己、了解自己，并做自我评估。自我评估的内容包括：我的兴趣是什么？我的性格有哪些特点？我拥有及愿意使用哪些技能？我最渴望从中获得什么？几个方面是如何有效整合的？

（三）探索工作世界

除了要有清楚的自我认识外，对工作世界的认识也是规划过程中信息探索的重要组成部分。对工作世界的了解包括：专业与职业的关系；职业的分类和内容；具体职业对工作人员的要求、条件和待遇等；继续教育方面的选择；获取以上信息的方法有哪些。

（四）决策

决策是综合整理和评估信息的部分，在决策时有可能因信息不全而重新回到前面两个步骤，具体内容包括：

- 综合与评估信息；
- 目标设立与计划；
- 处理决策过程中的各种问题：生涯信念、障碍。

（五）行动

全部的探索和思考完成之后，便需要将具体的思考和全部的探索予以落实，即学生要通过行动来实现自己设立的工作目标。通常包括：

- 具体的求职过程。
- 制作简历、面试。

对于学生来说，行动阶段通常需要通过大量的社会活动、校园活动、求职准备、求职技能培养等途径来实现自己设立的目标。也有可能在与现实的接触过程中，你会对自己有了新的发现，由此对生涯发展有了新的思考。所以，虽然我们为了方便学习，将生涯规划人为地割裂成不同的步骤，但无论在哪个步骤，自我与外部信息的探索都不会停止，不要忽略这些部分带给你的新启示。在行动中积累自己的资源，是行动阶段的重点。

（六）再评估/成长

再评估是一个系统的生涯规划的最后一步，主要是评估目标执行的效果。本部分具体内容包括：

- 走进职场。
- 管理生涯规划。

当学生在实践中迈出生涯的重要一步——进入工作世界后，随着外部环境的变化，他们或许会继续沿着过去的规划前进，也有可能发现过去的规划已经不适合自己，或是发现过去的规划并不尽如人意。在这种情况下，要使自己的生涯规划行之有效，就需要再次进行生涯探索，修订生涯规划。修订内容可能包括：路径的重新选择、目标的修正、实施措施与计划的变更，等等。因此，生涯规划是一个循环的、持续一生的动态过程，需要一辈子来探索。所以，人们需要保持一种发展的理念来看待生涯规划，时刻为生涯的变化而做好准备。

第二章 职业规划环境和发展

职业发展规划是根据客观环境确定职业目标及为实现目标而制定其路径的过程。如果说在几乎一成不变的计划经济时代，你可以让时代推着你朝一个固定的方向走的话，那么，在当今变革的时代，却是行不通的。因为机会无处不在，会左右你的选择，成功绝非偶然，每个人都应精心策划自己的职业发展，科学规划自己的职业生涯，在有意识的规划中实现自身价值。在当前全球化环境和市场经济条件下，如何将自己的理想追求转到市场经济的轨道上，如何将个人生涯规划与企业发展相融合，使自己按照市场经济的价值规律创造个人价值，使人生通过精心设计走向成功，是企业和个人职业发展规划中至关重要的人生课题。

第一节 什么是自我

一、能力和技能

1. 能力和技能的概念

能力是每个人特有的一种混合物，它把通过技术和职业培训获得的严格意义上的资格、社会行为、协作能力、首创能力和冒险精神结合在一起。

技能是指掌握和运用专门技术的能力，通过练习获得的能够完成一定任务的动作系统。

能力和技能通常可分为两大类：

第一类是针对职场对职业化工作能力方面的基本技能（如会听说、会行文、会演讲、会处理数据、会跟踪等）。

第二类是针对某单位（某岗位）存在的相对具体的工作技能。

很多人（包括管理者）都认为，第一类技能的掌握应当在学校或在参加工作之前就应具备，如果进入工作岗位后再进行此类技能的培训，将会增加运行成本。所以，人们常常比较重视的是第二类技能。其实，第二类技能的培养过程原则上应当在第一类技能的训练基础上展开，才能有效地掌握。概括起来，能力和技能其实就是个人素质及专业水平。

2. 能力、技能与职业的关系

（1）能力、技能是影响求职和择业的重要因素。

现代科学技术的发展和社会主义市场经济要求大学生必须重视能力、技能的提高。大学生若想毕业后很好地胜任本职工作，适应科学的发展和社会的要求，就要提高自身素质，加强能力素质的锻炼，使自己成为站在科技发展前沿的弄潮儿。

（2）能力、技能是求职成功的重要因素

大学生在求职择业过程中，每个人都希望达到自己预想的目标，但并不是每个人都能如愿以偿，这里非常重要的原因就是能否正确认识自己。在求职择业过程中，应该清楚地知道自己将来要做什么、怎样做，自己的长处、短处，以及适合做什么工作。求职的人必须清楚地知道自己的能力、兴趣、爱好、特长，才能推荐自己。认识自己是推荐自己的前提，是成功地进行求职择业的第一步。

能力直接影响活动效率。使活动顺利完成的个性心理特征，是指能胜任某项任务的主观条件。人的活动是多种多样的，人的能力也就有各种各样的类型。对于即将就业的大学生来讲，主要是职业能力，其中包括独立工作能力、分析判断能力、社交能力、文字表达能力等。据一些权威部门的调查表明，75%的用人单位把能力放在录用标准的第一位；用人单位需要有一定工作能力的大学毕业生，55%的用人单位喜欢招聘曾担任过学生干部的毕业生。

显然，用人单位对毕业生能力的要求远大于对学习成绩的要求，学习成绩相对于能力来讲，知识的获得和更新比能力的提高要更容易些。能力的养成是在学习和实践过程中经过不断综合、长期努力，渐渐积累而获得的。能力的增长比较缓慢，但能力一旦形成就具有相对的稳定性。

3. 个人能力和技能的评定

每个人在其成长和发展方面都存在着差异，其能力和技能也有所不同，不同的人具有不同的个性特点。怎样评定，更好地了解自我、了解职业对人的要求的有效途径便是自我测试。所谓自我测试，即是通过问答有关问题来认识自己、了解自己的个性特点的一种方法。通过自我测试能够合理地评价自身的客观条件，从而正确地认识自我，进行正确定位，寻找到自己在社会中的坐标。

（1）自我测试有助于找准自己的位置，实现"人职匹配"。

实现"人职匹配"，即实现让"合适的员工到合适的岗位上去工作"。英国著名将军兼政治家威灵顿在少年时期几乎是学校里学习成绩最差的学生，别人都说他迟钝、呆笨、懒散，连他母亲都认为他是低能儿，好像觉得他什么都不行。后来，威灵顿偶然有机会参军入伍，成为了一名军人。在他46岁时，带领士兵打败了当时世界上除了他以外最伟大的将军拿破仑。如果威灵顿将军不在军队里发展，他终生都将是个卑微的人，军人职业改变了他一生的命运。如果一个人选择的职业不能够与他的性格、能力相适应，那么英雄则无用武之地，甚至还可能不幸地成为待业群体中的一员。因此，选择一个适合自己的职业，以自己的最佳才能、最优性格、最大兴趣、最有利的环境等条件为依据，实现最大限度的"人职匹配"来选择和实现择业目标是十分重要的。

（2）自我测试有助于发现自身潜在的能力。

能力不是抽象的素质，它关系着职业角色的表现和职业生涯发展。能力开发对于个人的职业发展具有极为重要的意义。一个人如果不能找到自己的能力特长，等于捧着金饭碗去讨饭。许多雄心勃勃、满怀壮志的人，都因没有弄清什么是自己所擅长的，而长期在命运的迷宫中左冲右突，必然会付出沉重的代价。一个人倘若能早日认识自己，最大限度地发挥个人特长，从而就能在成功之路上捷足先登。英国著名诗人济慈本来是学医的，后来他发现自己有写诗的天赋，就当机立断，把自己的整个生命投入到诗歌创作之中，为人类留下了许多不朽的诗文。马克思年轻时曾想当一个诗人，也努力写过一些诗，但他很快就发现自己的长处其实不在这里，便毅然放弃做诗人的打算，转到个人擅长的社会科学的研究上去了。如果他们两个人都不能发现自己的天赋和特长，那么英国至多不过多了一位平庸的医生，德国至多不过增加了一位蹩脚的诗人，然而在英国文学史和国际共产主义运动史上，则肯定要失去两颗光彩夺目的明星。通过自我测试，你会发现自己的能力优势所在，甚至会发现以前不曾被你注意的能力和兴趣，然后去寻找适合于你的职业。从此，你会十分幸运地踏上成功之路。

（3）自我测试有助于正确调整自己，扬长避短，发挥优势。

大学毕业生在选择职业前，通过自我测试认清自己能力特性和优势的同时，也了解了自己的能力缺陷。金无足赤，人无完人。有缺陷和弱点不要紧，关键是如何发挥自己的主观能动性，不断地认识自己、调整自己，充分发挥自己的优点和长处，在实践中克服弱点、弥补不足。

（4）自我测试的内容和方法

人与人之间是有差别的，这种差别可以是生理的，也可以是心理的。有一些差异可以用物理的方式进行测试，但有一些必须用心理学的方式进行测量，我们称之为心理测试。它是一种标准化了的、根据一定法则对人的心理特征和行为特征进行数量化表示的一种方法，具有评估、诊断和预测三种功能。用心理测验方法进行自我测试的内容很多，如兴趣测试、性格测试、智力测试、技能测试、记忆力测试、人际关系测试、行为能力测试等。大学生在择业时，除了对自己进行必要的个性心理测试外，还应进行职业能力倾向预测。因为对于求职者个体来说，每一种职位所需要的知识结构、能力、性格、个性等各不相同，择业涉及人的多种心理因素，即是否喜欢某职业与职业兴趣有关；是否有能力做好某一工作却与职业能力有关；某职业和自己的个性是否相符又与职业人格有关等。如果处理不好此类关系，就会因力不从心而做不好工作，导致事业失败，人才浪费。

为了帮助人们认识自己的职业适应面和择业取向，一些学者编制了专门的自测表，设置一系列测试题来检验人们的职业偏爱、职业能力、个人气质及性格类型等倾向，如著名的霍兰德职业倾向测量表等。大学生可以根据这些自测表的使用说明，通过选择和回答指定问题，统计得分进行分析，得出相应结论。进行测试时，被测者只需如实回答，必须经过长时间思考和推敲，对问题的第一反应便是最真实的答案。答完题目后再进行必要的统计，就能基本了解自己的有关情况。

随着毕业生就业市场的进一步发展，毕业生就业指导和服务体系日趋完善。为了便于即将择业的毕业生根据自身的状况进行分析对照，以获得有益的帮助和启发，近年来，一些地方政府及权威机构专门设立了人才测评站，结合国内外先进人力资源管理体系及心理学研究成果，为即将面临择业的大学生进行个性特征、职业能力倾向等全方位测试。

自我测试能给大学毕业生的求职择业带来许多有益的启发和帮助，它在很大程度上能实现让"合适的员工到合适的岗位上去工作"。利用自我测试方法进行自我评判时，要注意两点：其一，不能一味固执地服从测试结果，对自己的定位过于理想化而脱离现实。其二，一个人的某些个性特点是可以通过后天培养的，在了解自身弱点和优势的基础上，在实践中应该努力地完善自己，加强学习，克服不足。青年大学生是祖国的建设者和接班人，因此，在求职择业之际，应将个人的发展与社会的需要紧密结合，选择既能适合自己个性特点又能发挥自己专业特长的岗位，在祖国建设第一线上建功立业，人尽其才。固执地服从测试结果，就会对自己的定位过于理想化而脱离现实。

二、个人兴趣

1. 兴趣的概念

兴趣是个体以特定的事物、活动及人为对象，所产生的积极的和带有倾向性、选择性的态度及情绪。每个人都会对他感兴趣的事物给予优先注意和积极的探索，并心驰神往。

兴趣不只是对事物表面上的关心，任何一种兴趣都是由于获得这方面的知识或参与这种活动而使人体验到情绪上的满足而产生的。例如，一个人对跳舞感兴趣，他就会主动地、积极寻找机会去参加，而且在跳舞时感到愉悦、放松和乐趣，表现出积极而自觉自愿。兴趣不足是与个人的认识和情感密切联系着的。如果一个人对某项事物没有认识，也就不会产生情感，因而也就不会对它产生兴趣。相反，认识越深刻，情感越丰富，兴趣也就越深厚。兴趣是爱好的前提，爱好是兴趣的发展和行动，爱好不仅是对事物优先注意和向往的心情，而且是某种实际行动的表现。

2. 兴趣与职业的关系

兴趣是受社会性制约的，不同的环境、不同的阶级、不同的职业、不同的文化层次的人，兴趣都不一样。兴趣有品位高低，兴趣和爱好品味的高低会直接影响及表现一个人的个性特征的优劣。例如，对公益活动感兴趣，乐于助人，对高雅的音乐、美术有兴趣和爱好，反映了一个人个性品质的高雅；反之，对占小便宜感兴趣，对低级、庸俗的文艺作品有兴趣和爱好，则表现了一个人个性的低级。

兴趣和爱好有时也受遗传的影响，父母的兴趣和爱好也会对孩子有直接的影响。年龄的增长、时代的变化及职业的改变也会对人的兴趣产生直接影响。就年龄方面来说，少儿时期往往对图画、歌舞感兴趣，青年时期对文学、艺术感兴趣，成年时往往对某种职业、某种工作感兴趣。它反映了一个人随着年龄的增长、知识的积累，兴趣的中心在转移。就时代来讲，不同的时代，不同的物质和文化条件，也会对人的兴趣的变化产生很大的影响。但不管人的兴趣是什么，都是以需要为前提和基础的，人们需要什么也就会对什么产生兴趣。由于人们的需要包括生理需要（物质需要）和社会需要（精神需要），因此，人的兴趣也同样表现在这两个方面。人的生理需要（物质需要）一般来说是暂时的，容易满足。例如，人对某一种食物、衣服感兴趣，吃饱了、穿上了也就满足了；而人的社会需要（精神需要）却是持久的、稳定的、不断增长的，例如人际交往、对文学和艺术的兴趣、对社会生活的参与则是长期的、终生的，并且不断追求的。兴趣是在需要的基础上产生的，也是在需要的基础上发展的。大学生需要知识，他的知识越多，兴趣也就越广泛、越浓厚。但要提倡把主要兴趣集中到专业爱好上。社会学研究表明，自主选择与自己兴趣、爱好、能力相符的职业劳动者，其劳动生产率比不符合要求的劳动者要高40%。另有资料表明，如果一个人所从事的工作与其职业兴趣相吻合，能发挥其全部才能的80%～90%，并能长时间地保持高效率的工作而不疲劳。反之，只能发挥其全部才能的20%～30%，还容易筋疲力尽。

综上所述，兴趣对一个人的职业发展和个性形成、对一个人的生活和活动有巨大的作用，这种作用主要表现在以下几个方面：

第一，对未来活动的准备作用。例如，对于一名大学生来说，对专业感兴趣，就可能激励他积累各种与专业有关的知识，认真学好各门专业基础课，为将来研究和从事专业研究打基础，做准备。

第二，对正在进行的活动起推动作用。兴趣是一种具有浓厚情感的志趣活动，它可以使人集中精力去获得知识，并创造性地完成当前的活动。美国著名华人学者丁肇中教授就曾经深有感触地说："任何科学研究，最重要的是要看对自己所从事的工作有没有兴趣，换句话说，也就是有没有事业心，这不能有任何强迫。……比如搞物理实验，因为我有兴趣，我可以两天两夜，甚至三天三夜在实验室里，守在仪器旁，我急切地希望发现我所要探索的东西。"正是兴趣和事业心推动了丁教授所从事的科研工作，并使他获得巨大的成功。

第三，对活动的创造性态度的促进作用。兴趣会促使人深入钻研、创造性地工作和学习。就大学生来说，对一门课程感兴趣，会促使他刻苦钻研，并且进行创造性的思维，不仅会使他的学习成绩大大提高，而且会极大地改善学习方法，提高学习效率。

由此可知，人的兴趣不仅是在学习、活动中发生和发展起来的，而且又是认识和从事活动的巨大动力。它可以使人智力得到开放，知识得以丰富，眼界得到开阔，并会使人善于适应环境，对生活充满热情。一旦你对所从事的职业产生了兴趣，那么就会把职业当事业来做。

3. 兴趣的评定

人的兴趣是多种多样的，但概括起来又可以分为两大类：

第一，物质兴趣和精神兴趣。物质兴趣主要是指人们对舒适的物质生活（如衣、食、住、行方面）的兴趣和追求；精神兴趣主要是指人们对精神生活（如学习、研究、文学艺术、知识）的兴趣和追求。就大学生来说，由于人生观和世界观正在形成，无论是物质兴趣或是精神兴趣都需要师长进行积极的引导，以防止在物质兴趣方面的畸形发展，在精神兴趣方面的消极发展和追求。

第二，直接兴趣和间接兴趣。直接兴趣是指对活动过程的兴趣。例如，有的学生想象力丰富，富于创造性，喜欢制作各种模型，在制作过程中，全神贯注，表现出浓厚的兴趣。间接兴趣主要是指对活动过程所产生的结果的兴趣。有的学生业余喜欢绘画，每当完成一幅画，他都会对自己取得的成果表现出极大兴趣。直接兴趣和间接兴趣是相互联系、相互促进的，如果没有直接兴趣，制作各种模型的过程就很乏味、枯燥；而没有间接兴趣的支持，也就没有目标，过程就很难持久下去，因此，只有把直接兴趣和间接兴趣有机结合起来，才能充分发挥一个人的积极性和创造性，才能持之以恒，目标明确，取得成功。

与此同时，人的兴趣还具有倾向性、广阔性、持久性等品质。兴趣的倾向性是指个体对什么感兴趣。人与人，由于年龄、环境、阶级属性不一样，兴趣的指向也不同。就大学生来说，有的人喜欢学文科，有的人喜欢学理科，他们的兴趣倾向就不一样。兴趣的广阔性主要是指兴趣的范围。兴趣的范围因人而异，有的人兴趣广泛，有的人兴趣狭窄。一般来说，兴趣广泛的人知识面也就越宽，在事业上会更有作为。但也要防止兴趣太广，什么都喜欢，而什么又不深入、不专注，结果也会一事无成。兴趣的持久性主要是指兴趣的稳定程度。兴趣的稳定性，对一个人的学习、工作很重要，只有稳定的兴趣，才能促使人系统地学习某一门知识，把某一项工作坚持到底，并取得成就。

如何评定自己的兴趣，不妨先比较一下，你是属于哪一种职业兴趣模型。

职业兴趣模型是心理学界广泛使用的一个模型，它描述了六种职业类型取向，分别是：技能型、研究型、艺术型、社交型、经营型和事务型。

三、人格

1. 人格的概念

人格也叫个性（personality）。这个概念源于拉西语"Persona"，当时是指演员在舞台上戴的面具，与我们今天戏剧舞台上不同角色的脸谱相类似。后来心理学借用这个术语，用来说明每个人在人生舞台上各自扮演的角色及其不同于他人的精神面貌。

究竟什么是个性？定义很多，但至今还没有一个是大家公认的。人格心理学家阿尔波特说："人格乃是个人适应环境的独特的身心体系"；艾森克说："人格乃是决定个人适应环境的个人性格、气质、能力和生理特征"；卡特尔说："人格乃是可以用来预测个人在一定情况下所做行为反应的特质"。

马克思认为，人的本质并不是单个人所固有的抽象物，实际上，它是一切社会关系的总和。从这种意义上说，个性的本质就是人的社会性。人若脱离了社会，不与他人交往，也就谈不到个性，初生婴儿只能算是个体，还没有个性；个性乃是个体社会化的结果，人际关系的结晶。所以，人的个性乃是具有不同素质基础的人，在不尽相同的社会环境中所形成的意识倾向性和比较稳定的个性心理特征的总和。个性是社会学、人类学、教育学等诸多学科研究的对象，心理学只是从意识倾向和个性心理特殊方面去研究它。

2. 人格与职业的关系

不同的人格具有对职业、环境的不同反应，具有对生活的不同应对，让人有不同的活法。人格既然有相当的稳定性，我们就能由此看清自己"江山易改，本性难移"的惯性；人格又不是一成不变的，我们由此又可以把握改造自己人格的可能性。

由于就业形势的多样性，大学生在择业时不可能都如愿以偿，与具有什么样的人格，能从事什么样的职业有着密切的关系。人格可分为六型，即现实型、研究型、艺术型、社会型、企业型和传统型。与人格六型相对应的是五种职业定位法，这五种定位是：专业技术人员、企业管理人员、创业者、自由职业者、公务员。

专业技术人员：这些人不喜欢从事管理工作，讨厌干涉他人事物，希望每一个人都像他（她）一样自治，更愿意在专业技术领域成为行家里手。

企业管理人员：也称职业经理人。这类人的职业目标是追求更大职责的管理岗位，希望拥有权力和地位。

创业者：这类人需要建立属于自己的东西，如公司、作品或其他；当某份工作能以实实在在的东西来体现他们的才干，他们非常乐意从事。

自由职业者：这些人喜欢独来独往，不愿意依赖于公司；他们中的很多人或许拥有相当高水准的专业技术，但宁愿独立执业或与人合伙，也不愿意在组织中发展，如保险代理人。

公务员：与自由职业者相反，这类人追求稳定，更强调职业的依附性，希望自己所在的职业环境能保持几十年都不变；而且他们希望"看见"自己退休后的生活，安全、平淡、与世无争。

在择业过程中，绝大多数择业者对以上五种职业定位分析法毫无所知。在他们看来，工作就是谋生赚钱的手段，何必做这么细致的分类？殊不知，职业定位是清醒认识自身才能的方法。只有这样，择业者才能从长远发展的角度，发现自己在哪一个领域里能得到最大限度的发展，而且生活最为轻松和快乐。

职业和生活完全分离的观念已经过时，人们越来越多地倾向于将自己的个人生活与职业、事业融合在一起。工作的最高境界就是快乐。在一次对全美成功人物的调查表明，他们中94%的人做着自己喜爱的工作。

3. 人格的评定

人格评定其中大部分同能力评定一样，因为能力实质上也是人格的一个组成部分。

人格评定的一个重要原则，是评定结果必须具有信度和效度。这同能力评定的要求是一样的。在考察人格评定的信度时，常用的方法是重测信度和分半信度。重测信度是指一个测验重复实施测得到的结果是否具有很高的一致性。分半信度是指测量同一内容的两部分题目的测验结果之间是否有很高的一致性。至于人格评定的效度，有许多方法可考虑。一种是一致性效度，这是把目前的测验结果同一个已知的测量同样内容且有效的测验的结果相比较，如果有很高相关，则一致性效度高。另一种方法是考察预测效度，即考察测验结果是否同被测人实际的行为表现相一致。还有一种是考察内容效度，即检查一下测验的内容是否同想要测验的内容有逻辑上的关系。

人格测评通常是把一些问题通过文字或图形或交谈的形式呈现给被试者来进行的。一般说来，对这样的问题的回答，本身并没有好坏、优劣之分，也没有绝对的答案可言，只是通过这些回答间接地判断人的人格。因此，对这些回答，必须制订一个评判标准，以确定什么样的回答反映了什么样的人格。通常，这种标准是在一个标准群体中预行试测（这个群体的人员同本测验将要实施的对象在各方面是一样的，并且是由随机抽样方法产生的），取得该群体对所有问题的反应模式（即所得分数的平均趋势和离散度），也就是常模。

人格测评中应设法避免被试的反应偏差。例如，有的人总喜欢做"是"的回答；有的人则总是答"否"；有的人则爱取中性回答；有的人对需要做复杂陈述的问题只是做简单"是"或"否"的回答；也有的人总要掩饰自己的真实反应，不愿意如实回答问题。这些都会给测评造成误差。人格测评中，通常利用一些技巧和方法避免这些偏差，或是如果无法避免的话，要测量出偏差的程度有多大。

需要说明的是，就像用尺子测量物体长度，总有一个误差的范围一样，人格测验乃至所有的心理测验，其精确度都是相对的，没有绝对准确的测验。

现有的人格测评技术有很多种，大致说来，可以分为三大类：观察法、自陈法和投射法。

（1）观察法

观察法可以说是了解一个人的人格特性最简单易行的方法。这种方法可以在自然情景中进行，也可以在实验室的人为情境中进行。在观察过程中，观察者可以与被观察者进行直接的接触，也可以在被观察者毫无觉察的情况下进行。比如，招募雇员的人事主管常常要同求职者面谈，目的就是想在交谈过程中考察、了解求职者的基本情况，包括其主要的人格特征。

自然观察是在完全自然的情境中观察被试的自发行为，借以判断他的人格特征。在这种观察中，观察者并不干预、控制活动进程。实验室观察通常是事先安排一些专门的有结构的活动，从中观察被试的行为反应。在这种观察中，观察者可以通过预先安排的条件，了解被试的某些特定方面的特点。

观察法的主要优点是简便易行，但这种方法对观察内容的控制程度小，不一定总能得到想要得到的内容。而且，观察者的经验、技巧和偏见会对观察结果及解释产生影响。

（2）自陈法

自陈法通常以让被试填写问卷的形式进行。问卷都是事先编制好的，由一系列问题或条目组成，要求被试报告自己在给定情境中可能有的行为、情绪感受和想法。这种问卷都有指定的回答方式，如"是与否""同意或不同意"，或是用一定的评分尺度评定某一情形在多大程度上适合于自己。这种方法对被试的行为具有高度的规定性，记分也就比较简单、容易、明确。

由于自陈法不是直接观察被试的行为表现，而是通过他对问题的回答来间接判断人格的，因此这种方法尤其需要明确测定信度和效度，并排除反应偏差。

一般说来，自陈量表的编制采用 3 种方法。第一种方法是理论推测，即由理论家们从人格概念的分析开始，找出与这些概念有关的认知、行为、情感等方面的表现，把这些表现以文字形式转化为问题，并规定供被试选择回答的方式，从而了解被试在量表上的得分情况是否符合理论期望。第二种方法是因素分析，即以书面问卷形式提供一些反应情境，假定某些情境能反映人格的一个方面，然后用因素分析的统计方法找出它们的相关方面，从而构成人格的一个基本因素。用这样的方法找出来的各种因素就是描述人格的要素。第三种方法是经验标准法，即把初步拟订的问题在某些有代表性的团体中施测。比如，如果想制定测量内外倾性格的量表，可以把拟订的问题分别在公认的内、外倾人群中施测，看量表是否能明确区分出这两类人（即得分上是否有明显差异）。

自陈法也是一种比较简单易行的方法，通常并不要求专家来进行，记分容易。但这种方法的量表制定却是很复杂而严格的科学工作。不过，由于问卷中规定了可选择的回答形式，限定了被试的反应范围，可能造成一定程度的失真。此外，还存在被试的反应偏差，被试可能有意敷衍，或回避敏感问题，或从题面猜测所谓的"好答案"。

（3）投射法

投射法是基于这样一种心理分析的假定，即人的思想、态度、情感、愿望等个人特征，会不自觉地投射到外界事物上，通过对特定投射物的投射反应，便可了解被试的人格特征。因此，投射法以一些意义模棱两可，甚至本身可能毫无意义的图形或墨迹为刺激，让被试无拘无束地对这些刺激进行自由反应，测验者通过分析这些反应来分析被试的人格特性。

投射法的优点是，它没有对被试的反应方式进行硬性规定，被试相对较少拘束，甚至不知测查的意图，不了解反应方式与评定方式之间的关系，测验目的具有很大的隐蔽性，因此被试的反应偏差较小。然而，有得必有失。由于被试的反应可以相当自由随意，也就没有标准的反应可言，对反应内容的评定也就很难标准化，致使结果的分析十分困难。因此，这种方法在很大程度上依赖于测验者的技术、经验，对测验结果的解释能力。

四、价值观

1. 价值观的概念

所谓价值观，是指人们认识和评价客观事物及现象对自身或社会的重要性时，所持有的内部标准。价值观在职业选择上的体现，就是"职业价值观"。它对大学生的择业决策起着指导和决定性作用。它主要回答的问题是：人究竟为什么活着？人应当怎样度过自己的一生？怎样的人生应给予肯定的评价？怎样的人生应给予否定的评价？一句话，就是要回答什么样的人生才有价值。

2. 价值观与职业的关系

成功的职业人生需要正确的规划，一个人的今天干什么并不重要，但是未来将要迈向哪里却十分重要。择业是受人们价值观念所支配的一种社会行为。一个生活价值观与职业价值观相一致的人是幸福的。

众多的调查研究表明，近年来大学生的职业价值观总的来说是积极的、是好的，但也存在一些影响大学生就业的消极因素。

（1）职业价值手段——过分强调自我实现。这些大学生在择业时，把个人兴趣、爱好放在第一位，把是否有利于个人发展作为首选条件或唯一条件。即使有单位看中了他们的一技之长，但如果他们以为不完全符合自己的条件，也不肯"屈就"。

（2）职业价值目标——过分追求舒服实惠。这些大学生在择业时，避艰苦、避风险，他们首先考虑的是工作岗位和生活环境等"硬件"是否舒适，待遇是否丰厚。"高收入"是他们最重要的择业目标。

（3）职业价值期望——过高且不切实际。这些大学生在择业时动辄就要求"高收入"而且又"稳定、无风险"，甚至有的刚出校门就要求干"领导工作"。据一项调查发现，73%的重点大学毕业生概括自己的职业选择是所谓"新三到"——到国外去，到沿海去，到赚钱最多的地方去。

（4）职业价值观念——过于陈旧且好大喜功。有相当数量的大学生择业时就爱往大城市里钻，而且都是北京、上海、深圳、广州少数几所城市。在北京高校就有"宁要北京一张床，不要外地一套房"的说法，这个说法得到了北京教育部门组织的调查结果的证实。国家重点院校应届毕业生中有70%以上是以进机关单位为首选目标。

大学生职业意识折射出的价值取向呈现多元化的色彩，这也是社会主义市场经济体制条件下价值多样化在大学生职业意识中的反映，不值得大惊小怪。

一般来说，职业价值观在大学生对各种职业的认知过程中起到了过滤器的作用，它使个体的择业行为带有一定的选择性和指向性，它既是判断职业的性质，确定个人在职业活动中的责任、态度及行为方向的"定向器"，又是抉择职业行为方式并进行制动的"调节器"。在这种"定向器"和"调节器"的作用下，我们认为，大学生择业必须将个人价值实现与社会需要相结合。也就是说，择业时既要考虑个人愿望，又要考虑社会要求。如果能选择到一个两者完全统一的工作岗位，那当然是幸运的。但对大多数人来说，找到两全其美的工作并不是一件容易的事。因此在择业时，如果两者不能两全时，毕业生应该把服从社会需要、成就事业放在第一位，在某种情况下必须放弃一些眼前利益。

社会主义市场经济倡导的价值取向是不否定实现个人社会价值的前提下，仍要宏扬为国家、为民族的振兴而奉献青春的社会本位价值观。奉献社会仍然是大学生择业意识中最重要的一块基石。

当代大学生要从社会理想的高度来认识择业的意义，增强社会和历史责任感，培养自己的高尚情操、广泛兴趣和良好修养，努力使自己具有为社会服务的思想境界，具备适应社会发展的新理念、新思想，跟上时代发展潮流，进而实现自己的人生理想和职业发展目标。

总之，一个人只有将个人的成才与社会需要紧密结合起来，满足社会需要，才能成为社会受欢迎的人。否则，不仅难以选择到合适的职业，而且进入社会以后，也可能会一事无成。

3. 价值观的评定方法

（1）问卷调查

采用自编的词汇选择法问卷进行调查。问卷可由三部分组成：第一部分列出若干个描绘不同人生价值目标的词汇；第二部分列出若干个描绘不同人生价值手段的词汇；第三部分列出若干个描绘不同人生价值评价的词汇。要求在各个部分分别选出三个最符合自己实际情况的词汇加以计分，并按其对自己的重要程度或符合程度由高到低排列顺序。

（2）调查结果讨论

价值观是一个多维度、多层次的观念系统，为了深入研究价值观，可以从多种不同维度和层次对其进行分类并加以考察。为了比较深入地分析大学生人生价值观的结构体系及其各组成要素的特征，我们将人生价值观分为人生价值目标、人生价值手段和人生价值评价，以此作为编制问卷的三个维度，是合理且可靠的。人生价值目标是人生价值观的核心，决定着人生价值观的性质和方向，指导着人生道路的选择，推动着人生实践的进程。因而，研究大学生的人生价值目标是研究其人生价值观的重点，探明了大学生的人生价值目标的特点，也就从本质上把握了大学生人生价值观的根本特点。人生价值手段是实现人生价值目标的保证，直接关系到大学生选择什么样的人生道路和生活方式。探明大学生的人生价值手段，对于正确引导大学生的人生实践有重要意义。人生价值评价作为对人生有无价值和价值的意义大小的判断，对人生价值的确立、维持或改变及相应的社会态度和行为起着调控的作用，它对人生价值目标和手段的方向及程度，以及相应的社会行为产生或促进或维持或阻止或改变的影响，因而研究大学生的人生价值评价，可以探明大学生人生价值观的动力特征。将此三个方面作为研究的三个维度同时对大学生进行调查，既可以比较全面、系统地研究大学生人生价值观的整体结构特征，又可以探究三个维度各自的具体特征及其相互之间的关联性和差异性。

问卷法是研究价值观的一种主要的方法，但问卷的具体题目的形式则多种多样。调查问卷尽可能采用词汇选择法，主要是考虑到人生价值观内容的广泛性和多样性，采用词汇选择法可以尽可能多地包含人生价值观的各种表现，从而给被试提供较大的选择余地，以便全面了解大学生人生价值观的各种具体内容、特点及其不同程度。当然词汇选择可能造成被试面对众多词汇难以决断的情况，特别是在一些词汇含义或程度较为接近时更是如此。这对于个人而言可能会出现一定误差，但被试样本较大时，这种误差可以在一定程度上相互抵消，由此概括出大学生人生价值观的一般趋势或特点仍会较客观和准确。

从调查结果可见，大学生的人生价值目标总体上是积极向上的，而大学生的人生价值手段总体上也表现出积极进取性，这两个维度比较协调一致。而人生价值评价则表现出双峰分布的特点，究其原因，可能是青年时期出现的自我意识分化所致。即大学生由于理想自我与现实自我发生矛盾而一时不能解决时，则可能出现消极、悲观的体验。事实上，人生价值目标作为一种理想，其实现有一个过程，此过程决非一帆风顺，必然会出现曲折和困难，加上大学生尚处于迅速成熟而未完全成熟的过渡期，部分大学生出现"苦闷空虚""焦虑抑郁"等生活体验也就不足为怪了。只不过此现象我们要高度重视。

虽然调查显示大学生对人生价值项目的选择比较集中于排序靠前的项目，表现出一定的集中性和倾向性，但除女大学生在少数几个词汇上无人选择外，所有其他词汇或多或少都有人选择，这从另一个侧面表明大学生人生价值观的广泛性和个体差异。

调查表明，多数大学生的人生价值观是积极的、进取的和乐观的。但也有少数大学生崇尚个人主义、消极悲观。这与当前大学生人生价值观的一些新变化是相吻合的。近年来，越来越多的大学生强调自我与社会融合，索取与奉献并重，兼顾国家、集体、个人三者利益而又比较重视自我、注重实际、推崇竞争、敢冒风险、追求物质利益，这种人生价值观似有日益成为大学生人生价值观主导的趋势。显然，当代大学生这种人生价值观的变化是社会发展变化、大学生自身实践、社会角色要求和年龄特征的综合反映，它有其存在的合理性和变化的必然性。但是，虽然它讲的是奉献与索取的平衡或统一，但它强调"自我"，并把社会对个人的回报作为价值取向的条件，这与无私奉献的个人价值观有一定差距。若任其发展，持这种人生价值观的人很容易滑向功利主义和拜金主义，甚至走向自私自利的极端个人主义。因而，必须大力加强对大学生人生价值观的引导和教育。

（3）结论

①多数大学生的人生价值观是积极、进取和乐观的。

②少数大学生崇尚个人主义取向、消极退缩，并且一些大学生产生消极悲观的人生体验。

③男女大学生之间在人生价值观点的趋势上相当一致，但在有些具体项目上仍呈现出性别差异。

④大学生的人生价值观也体现出广泛性和个体差异。

⑤必须大力加强大学生人生价值观的引导和教育。

五、如何初步形成自己的职业期望

在能够了解自我的前提下就可以初步形成自己的职业期望。

职业期望，又称职业意向，是求职者对某项职业的向往，也就是希望自己从事某项职业的态度倾向。职业期望直接影响人对职业的选择，并进而影响人的整个生活。

（1）职业期望来自求职者个体方面的行为。

（2）职业期望不是空想、幻想，而是求职者的一种主动追求，是求职者将自身的兴趣、价值观、能力等与社会需要、社会就业机会不断协调，力求实现的个人目标。

（3）职业期望与职业声望。职业声望是职业地位的反映，是人们对某种职业的权力、工资、晋升机会、发展前景、工作条件等社会地位资源情况，亦即社会地位高低的主观评价。其含义完全有别于职业期望，两者不可混淆。同时，两者也有联系，劳动者个体所追求和希望从事的职业，当然多是社会声望高的职业。

当今职场也有那么一群人，完全凭感觉做事，在一个企业打几天工，然后就背上包出去旅游，钱花完了，再去打工。不过，在多数情况下，追求自我感觉，要以名、利为基础和前提条件。一般情况下，名、利、义三种期望呈现从低到高的时间和层次特征。即是说，人首先要满足名——找到一份工作，被别人认可的期望，然后才能考虑挣更多的钱，再去追求更好的感觉。不过，这三种期望又总是同时存在，只不过有时名是主导期望，有时利是主导期望，有时义是主导期望。而且，有时是内部（在企业里面）的期望主导，有时是外部（业界、社会上）的期望主导。我们有时候觉得自己想法很多，期望很混乱，就是因为我们把内部、外部、当前、未来的期望混杂在一起，剪不断，理还乱，不知道自己当前到底要做什么了。给你个办法，帮你来理清自己的思路。

（1）你的职场期望，一般情况下是从低到高发展，但高的不一定能替代低的期望。你应该首先去做能够满足当前主导期望的事。

（2）对于当前的非主导期望，再评估，如果当前的主导期望满足了，下一个期望是什么？请记住：人的需求不可能单独、静态存在，是在职场人际互动过程中分阶段达到的。虽然三种期望在不同阶段有主、次之分，但任何一个期望因素的满意度低，都会带来职业问题。挣高薪的人不一定快乐，在企业里大家都喜欢的人不一定自己也开心，一份对个人特别有意义的工作可能未必得到亲戚朋友的赞同……这类现象我们见得多了，其实都是因为期望的不平衡造成的。有野心的老板（员工）才是好老板（员工）。野心意味着期望，有野心就有很多期望，有期望才好拿条件来谈判。期望和投入是对应的。野心大，投入也会多。愿意投入，有更多产出，而且也可能被开发出更多潜力。应该相信，人的潜力都很大。

第二节 了解环境

在对职业了解的基础上，还要了解环境，即环境的特点、环境的变化、自己与环境的关系、自己在特定环境中的地位、环境对自己提出的要求，以及环境对自己有利的条件和不利的条件等。只有对这些环境因素充分了解，才能做到在复杂的环境中避害趋利，使自己的职业生涯规划得以实现。

一、环境的概念及分类

环境是指围绕着人类的外部世界，是人类赖以生存和发展的物质条件的综合体。环境为人类的社会生产和生活提供广泛的空间、丰富的资源和必要的条件。我们习惯把环境分为小环境和大环境。

1. 小环境

是由学校、院系、家庭及朋友等构成。在小环境中能为就业找到很多可利用的资源。

2. 大环境

是由国家、社会、地方区域等构成。在大环境中通过了解相关的政策法规、经济形式，对个人职业发展有重大的影响。

二、环境与个人职业发展

大学毕业生作为人力资源中最具有活力并掌握现代科学文化知识的群体，顺利、合理地就业，对于发挥他们的聪明才智，最大限度地发挥人才效益，并且对于经济建设和社会发展都将起到重要的作用。对就业而言，环境是指与大学毕业生择业有关的政治、经济、文化等社会环境。环境对毕业生择业的影响作用是多方面的，有些是直接的、现实的，有些则是间接的、潜在的，有些是积极的、正面的，有些则是消极的、负面的。

就业环境是一种社会存在。在就业过程中，大学生就业总是受到社会客观环境、个体成长环境和社会心理环境影响的。

1. 社会客观环境

社会客观环境是指由政策设置、经济状况所形成的就业社会氛围。

（1）政策环境

大学生就业政策是国家为实现一定时期的路线、方针而制订高层次人力资源配置的行动准则，体现了一定时期社会发展的需要，是大学生就业过程中所应遵循的基本规范。我国大学生就业制度经历了一个不断发展和改革的过程，有关的政策也做过相应的调整。不同历史阶段有着不同的政策内容，政策体现着一定的导向性、调控性和约束性。

在统包统配的就业制度条件下，人才资源配置的方式同其他经济资源配置的方式都是一元化的计划控制。毕业生虽然在国家下达的分配计划内有选择个人志愿的权利，但最终必须服从学校具体制订的调配方案。在这样的政策条件下，毕业生是依附性就业。就政策特点来说，调控性和约束性极强，其导向性主要是通过政治思想教育和学生自觉服从社会需要的主导择业观来实现。在今天看来，这样的政策一定程度上忽略了学生个人的择业意愿，且易使人才资源配置失当。但是，在当时的历史条件下，它有其存在的合理性，是与当时的经济体制相配套的，也曾经为社会经济的发展起过重要的作用。

当前，在社会主义市场经济条件下，高等教育适应市场经济发展的契合点。首先表现在毕业生就业这一环节上。现在正在运行的毕业生就业制度，是在国家就业方针、政策指导下，毕业生和用人单位双向选择的制度。

虽然毕业生有自主择业的权力，但不是说就业政策就失去了导向、调控、约束的功能。用人单位有自主用工的权力，因此毕业生自主择业不是毕业生的一厢情愿或随心所欲。双向选择是选择与被选择的关系，是主客体的辩证统一，选择的双方不是谁必须服从谁的问题，而是双方在相互满足对方需要基础上而达成的一种契约关系。因此，双向选择体现了毕业生就业中更本质的关系。既然是契约关系，就摆脱不了政策的导向、调控和约束。比如，挑选毕业生单位的劳动用工政策、吸引人才的政策，发达地区和中心城市的进入控制政策，都将对毕业生择业产生重要的制约作用。而且还要看到，有些约束性的政策不是在择业期才体现出来，而是在招生时和培养过程中就形成的一种契约关系，比如对委托培养生、定向培养生及享受专业奖学金的学生的政策等，它直接制约着择业者的择业行为。

除大学生就业政策的直接影响外，劳动人事制度中诸如人才流动、工资、公务员制度等，以及社会职业结构调整的有关政策，都会对大学生择业产生直接的或间接的影响。

（2）经济环境

一个国家、一个地区在一定时期内的经济状况，直接影响其劳动就业状况。大学生选择职业，不可避免地要受到当时的社会经济状况的影响。从整个国家范围来说，经济的发展和科学技术的进步，劳动生产率的提高，职业演化速度的加快，就业岗位的增加，都是极为相关的因素。从一个国家的区域性经济发展状况来说，由于其不平衡性，往往使经济发展速度快的地区成为大学生择业的热点。目前，我国经济增长方式的转变、经济结构的调整，以及科教兴国和可持续发展两大战略的实施，对大学生就业的影响已显现出来。

社会经济状况直接反映到职业的经济地位和行业的经济状况上。近几年 IT 产业发展迅速，在国民经济中的地位直线上升，需求数量大幅上升，质量要求较高，毕业生就业出现结构性矛盾，表现为专业与需求，层次与需求的失衡现象。由于学校培养周期与社会需求变化的频率非同步发生，学校针对社会需求的调适往往是滞后以致错位，这就要求大学生要认识客观经济环境对就业的直接影响，充分发挥主观能动性，克服客观环境的不利因素，主动适应社会需要。

2. 个体成长环境

对于大学生来说，个体成长环境主要是指所受教育的环境。教育是按照一定的要求，对受教育者的德、智、体、美、劳等诸方面施以积极影响的一种有计划的活动。从狭义上来说，是指学校教育；从广义上来说，泛指社会上一切有教育作用的活动。事实上，社会上的一切教育活动都会给受教育者产生某种积极或消极的影响。一切教育形式所产生的结果，大都能反映在学生的素质及他们的择业意识、择业行为上。我们这里着重探讨家庭教育、大学前教育、大学教育等几个方面的影响。

从家庭教育来看，家庭是社会的细胞，父母是儿童的第一任教师，父母的教育方式及家庭气氛对儿童的成长起着重要的作用。美国临床心理学家安妮·罗欧从 1951 年开始，采用谈话、测验和了解个人生活史等方法来研究杰出的物理学家、生物学家和社会科学家的个人发展史及其人格特征，发现他们早期所受的不同养育方式的教育，影响其追求的职业类型及在所选择的领域中可能达到的水平。罗欧把家庭抚养方式分为三种类型，即情感关注型、回避型和接受型。情感关注型的抚养方式又分为溺爱型和严格型。回避型的抚养方式又分为拒绝型和疏忽型。接受型的抚养方式又分为随意接受型和抚爱接受型。罗欧的观点虽然是以杰出人才为研究对象而提出的，具有不完整性，但仍有一定的代表性。家庭教育方式对子女性格、爱好、兴趣等的培养和熏陶，直接影响到其职业能力的发展。

从大学前的学校教育来看，大学以前的教育，分为幼儿园、小学、初中、高中等几个阶段。大学以前的教育是基础教育，亦是素质教育。但在我国由于高考指挥棒的作用，在一定程度上教师把素质教育变成了一种应试教育，紧紧围绕考试来设置教育内容和进行教学活动，学生也以应试的学习方式来接受教育，造成了学生知识结构不合理，学习的主动性不够，养成了一种依附性的学习习惯，这种结果直接影响到后期的发展。在我国还有一种情况，就是农村和城市的差别较大。由于多数农村的教学条件较差及环境的影响，农村学生的知识面、思想观念、思维方式及对事业的期望同城市的学生相比具有一定的差别。大学前的教育所形成的差异性，在大学阶段，不同的人会有不同的改变。

从大学教育来看，大学教育是按照专业门类来培养学生适应职业需要的基本素质和能力的过程。这一过程是通过基础课、专业基础课的教学活动和其他教育活动，使学生从某一专业的逻辑起点达到能够解决该专业一定问题的理论和技术修养水平，从而形成适应某类或某种职业需要的专业特长。也就是说，大学生所受的专业教育直接制约着其职业适应的范围。如果大学生所学的专业面较窄，其职业适应的范围就小；反之，职业适应的范围就相对宽广。因此，高校也要不断地根据社会职业的需要来设置专业或对业已形成的专业结构进行调整，扩大学生的就业范围，增强适应能力。近年来，针对毕业生知识面较窄、知识结构不合理、动手能力不强、组织管理能力不高等问题，我国高校努力通过改革教育模式和教学内容，来培养专才与通才相结合、文理交叉、工管相兼的复合型人才。为此，也相应地建立起一套行之有效的机制，如主辅修制、双学位制等。这些都为有效地扩大学生的专业面，提高学生的综合素质创造了有利条件。随着高校招生和毕业生就业制度改革的深入和学分制的实行，满足学生专业志愿和扩大其职业适应领域等方面的情况会得到更好的改变。

教育因素对大学生择业的影响，还有社会教育及自我教育等。我们应该认识到，大学生所受的不同阶段的教育和大学期间不同内容的教育诸如专业教育、思想教育、就业指导等，都具有互补性。前一阶段所受教育的欠缺，可能得到后一阶段的补充；各种教育内容的相互交叉和渗透，可以促进整体素质的提高。因此，大学生应当自觉认识自己成长的家庭环境与受教育的条件对其个性形成的影响，并通过主观努力，改变自己的不利因素，全面提高素质，为求职择业创造更加有利的条件。

3. 社会心理环境

社会心理一般反映的是人们的日常意识，是指一定时期内人们普遍流行的精神状态，包括人们的要求、愿望、情感、情绪、习惯、道德风尚、审美情趣等。传统的就业理论和现时流行的就业意识形成了影响大学生就业的社会心理环境，有诸如社会时尚、父母及亲友的意见、老师的参谋作用、传统的性别观念等。

（1）社会时尚

社会时尚就是在社会中流行一时的风气或风尚，它是一种非常规的集体行为模式。时尚在人们生活中是非常广泛的。它可以发生在人们日常生活最普遍的领域，如衣着、服饰等方面；也可以发生在人们参与社会活动的接触交往中，如语言、娱乐等方面；还有的发生在社会意识形态方面，以影响人们的社会心理方式表现出来，如政治、道德、宗教、教育等。由于时尚表现出的时髦性、时热性、时狂性等特点，人们崇尚的行为取向就会表现出社会时尚运动，这对大学生择业的影响是不可忽视的，如大学生择业中出现过的大城市热、合资企业热、"孔雀东南飞"，以及现在盛行的公务员热、考研热等。时尚又与社会舆论有关。社会舆论能够引导时尚运动，时尚也能形成较为集中的舆论和热门话题；反过来，舆论或热门话题又促进或阻滞时尚运动。时尚对人们的正负面影响会造成行为结果的不同。健康的时尚，会激发人们的责任感和使命感，形成正向行为导向；非健康或带有偏见的时尚，会造成人们思想意识的偏狭和行为取向的偏差，在大学生择业中易于形成从众、攀比、自卑等灰色心理倾向和盲动的行为。

（2）父母及亲友的意见

由于我国传统观念的积淀，子女与父母之间依赖与被依赖、控制与被控制性较强。受其不同情况的影响，大学生在择业中的表现是不尽相同的：有的学生缺乏自主的勇气，依赖于父母的经验，选择什么样的职业岗位由父母做主；有的父母怕子女缺乏经验，生活阅历浅，控制子女的择业行为，不允许其自己做主；有的父母是支持和鼓励子女主动选择，自己做主，并提供参考意见。这几种影响方式，对大学生择业所产生的结果是不同的。尤其是年龄较小的大学生对父母的依赖程度或受父母控制的程度更强。也有的大学生因为父母的从业境况或能力欠缺等原因，通过较有影响的亲友做主或征求其意见，根据其认同与否来决定自己的择业去向。

（3）老师的参谋作用

在计划经济条件下，大学生的就业岗位是在辅导员、班主任和其他老师共同参与下决定的，老师的意见起主导作用。在市场经济条件下，虽然改变了前种模式，但是老师的意见仍对学生的择业意向和择业行为产生着重要的影响。比如，专业教师对本专业的情感和对某一类或某种职业的认同。思想教育和就业指导老师的意见也直接或间接地影响着学生的择业意向和择业行为。当然，老师的意见仍然不能完全摆脱个人主观的色彩，由于不同的老师职业价值观的不同，对学生择业的影响结果也存在一定的差别。

（4）性别差异

男女性别的差异，导致劳动能力和工作时间的差别，这是客观事实。正因为如此，才要求人职合理匹配。对于女大学生来说，除了某些特殊的职业岗位外，应当说具有广泛的职业适应领域。但是，有两种情况左右着女大学生的择业心理和择业行为：有的女大学生择业范围狭窄，对有些可以适应的职业岗位有畏难情绪，有不如男同学的心理定势；有的用人单位从本部门利益出发，不愿意接收女毕业生，尤其是女毕业生较适应的职业岗位也存在这种情况，这就造成了女毕业生一定的心理压力。

作为市场经济条件下的大学生，虽然在择业问题上受社会影响因素较多，但应确立起主体意识，养成科学的思维方式，不人云亦云，应对自身条件和社会需要做出判断，摆脱对父母的依赖关系，逐渐树立自主、自立、自助、自择等适应市场经济的新观念。作为女毕业生，也应变压力为动力，增强自信心，努力提高自身素质，主动迎接挑战。当然，社会舆论导向及对女毕业生就业的保障机制的建立等方面，也应做出更大的努力。

第三节　职业发展决策

一、决策类型

人们在职业发展过程中经常会做出决策，这些决策将影响我们今后的职业发展。下面列出九种职业发展决策类型，对照一下自己，看看自己是什么类型。

1. 宿命型

一切都由命运掌握，跟随社会的发展即可，走到哪里就到哪里，事情会自然而然地发生，让外部环境决定吧。

2. 直觉型

从内心深处感觉是这样的，就这样决定了，跟着自我的感觉走，相信自己的直觉。

3. 挣扎型

在众多选择中不知怎么办，觉得这社会太复杂，无法选择。在各种选择中不能自拔，或前怕狼后怕虎，既想实现远大的理想，又不敢面对现实的无奈。

4. 麻木型

不愿做出选择，每天都在一种无职业意识的状态中度过，对外部世界的变化失去敏感，不愿为自己的职业发展多动脑子。

5. 冲动型

不经过策划和准备，直接就冲了出来，很少对未来进行思考和分析，按自己的第一个想法从事。

6. 拖延型

事情总会解决的，现在不用关心，不用谋划，船到桥头自然直，车到山前必有路，到时自然会有解决的办法，不愿对自己承诺，也不会承诺。

7. 顺从型

依附于组织或其他人，你说怎么办就怎么办，我是革命一块砖，你说向哪里搬就往哪里搬吧，让组织或其他人为自己做决定，按照别人的思路发展自己。

8. 控制型

认真分析自己和外部职业社会，综合考虑各方面因素，果断自信地决定自己的职业定位和职业方向，敢于自我承诺、自我挑战，有计划、有策略、有控制地发展自己的职业生涯，合理动态地管理自己的职业发展。

9. 紊乱型

也认真分析过自己和外部职业社会，但职业方向在发展过程中不断变化和调整，没有真正确定过到底要做什么，一会儿东一会儿西，自己把自己搞迷惘了。

二、决策相关理论

决策理论学派的主要代表人物是曾获 1978 年度诺贝尔经济学奖金的赫伯特·西蒙。西蒙虽然是决策学派的代表人物，但他的许多思想是从巴纳德中吸取来的，他发展了巴纳德的社会系统学派，并提出了决策理论，建立了决策理论学派，形成了一门有关决策过程、准则、类型及方法的较完整的理论体系，主要著作有《管理行为》《组织》《管理决策的新科学》等。其理论要点归纳如下：

1. 决策贯穿管理的全过程，决策是管理的核心

西蒙指出组织中经理人员的重要职能就是做决策。他认为，任何作业开始之前都要先做决策，制订计划就是决策，组织、领导和控制也都离不开决策。

2. 系统地阐述了决策原理

西蒙对决策的程序、准则，程序化决策和非程序化决策的异同及其决策技术等做了分析。西蒙提出决策过程包括 4 个阶段：搜集情况阶段、拟定计划阶段、选定计划阶段和评价计划阶段。这四个阶段中的每一个阶段本身就是一个复杂的决策过程。

3. 在决策标准上，用"令人满意"的准则代替"最优化"准则

以往的管理学家往往把人看成是以"绝对的理性"为指导，按最优化准则行动的理性人。西蒙认为事实上这是做不到的，应该用"管理人"假设代替"理性人"假设，"管理人"不考虑一切可能的复杂情况，只考虑与问题有关的情况，采用"令人满意"的决策准则，从而可以做出令人满意的决策。

4. 一个组织的决策根据其活动是否反复出现可分为程序化决策和非程序决策

经常性的活动的决策应程序化以降低决策过程的成本，只有非经常性的活动才需要进行非程序化的决策。

三、学生职业决策的基本特点

职业决策是职业发展中的关键行为，当前大学生职业决策呈现以下特点：

1. 决策行为日益理性化

理性的决策行为是当事人自己对决策有着明确的预期，并着力收集有利于决策的所有信息，在多个方案中进行客观的分析、判断和选择。

传统就业体制下，大学生就业是由组织和学校分配，很少介入个人的决策行为。在就业体制市场化改革之初，学校、家长和大学生个人三方介入职业决策。随着市场化就业体制的深化发展和职业生涯教育的加强，大学生的职业决策能力不断增强，职业决策基本上不再依赖于学校或家长，更多的是利用市场的供求信息进行自我决策。据一份调查结果显示，绝大多数的毕业生能够认识到择业主要靠自己的努力，而不是靠组织或其他人的帮助；大学生在择业过程中也表现出一定的自信，他们对于自己的兴趣、个性、能力特长及喜欢从事的职业有一定程度的了解，在择业时一般也能够根据自己的实际情况和市场需求状况作出判断。

2. 职业评价对经济收入和自身发展并重

国内学者喻永红等在一项调查研究中发现，74.5% 的被调查大学生在选择职业的内在动机是"经济收入"，同时也非常关注才干、个人兴趣、发展机会等自身发展因素。职业评价要素的重要程度从高到低依次：经济收入、符合自己特长、单位发展前途大、人际关系协调、工作轻松自由、福利待遇、社会贡献、便于流动、晋升机会多、出国机会多、领导好及其他。这反映出大学生职业决策以经济收入和自身发展为主导的双元化特征。

3. 先就业后择业的职业决策观

面对严峻的就业形势，一次就业定终生的职业发展理念正在被打破。生存成为就业的第一需要，多数高校毕业生已经不再把第一份职业当作自己必然的终生职业。他们认识到，一个人的第一个工作可能会关系到他的整个职业生涯道路，但并不一定会决定他今后的职业生涯发展。一个人所拥有的知识水平及工作技能会真正影响其工作选择，从而影响其以后的职业生涯。第一份职业主要是保障基本的生活，如果第一份工作比较合适，就作为职业发展的重要起点；如果不适合，在提高自己的职业能力和积累职业人脉关系之后，再寻找新的职业。

4. 职业选择的精英理念

大学生希望成为社会精英，他们逐渐认识到，在高等教育步入大众化的今天，首次就业留在大城市、大机关的机会减少，从职业发展的长远考虑，应从基层干起，积累经验，增长才干，为将来成为社会精英奠定基础。同时政府出台鼓励大学生面向基层就业的政策，也为他们的职业发展提供了广阔的空间。

四、大学生职业决策存在的问题

1. 自身利益与现实需要的冲突

大学生在选择职业时比较在意自己的利益，较少考虑社会利益。比如，在选择就业单位时，一部分大学生对工资待遇、行业发展前景等职业的外在条件过分在意，一定程度上忽略了社会的需求。还有一些大学毕业生没有过硬的知识技能，缺乏实践经验和吃苦耐劳的精神，个人能力与社会需求有差距。由于没有平衡自身利益与现实需要的冲突，在实际工作中，他们难免会遇到困难和挫折，有时还会对职业发展产生负面影响。

2. 职业决策信息不充分

信息的充分性会影响到职业决策的效果。一些大学毕业生在选择就业单位及职业时，往往只能凭职业外在的少数、有限的信息如工资待遇、地理环境、单位的规模和知名度等做出职业决策，而对企业发展战略、企业文化、人力资源管理等内在信息缺乏了解，这样的决策会引起求供双方的需求错位，导致人力资本的浪费和招聘企业用人成本的提高。当前大学生初次就业的巩固率不高，据统计一年后的巩固率只有20%，这与大学生进行职业选择时信息不充分有很大的关系。

3. 人职不匹配倾向

当前大学生选择职业时十分注重提升个人能力，但他们却没有准确了解某一职业在当前经济社会发展中所处的位置、未来发展的趋势、职业的特点及对从业人员特质的需要，没有把个人特质同社会的需要、职业的需求进行很好的匹配，找到个人、社会的结合点。中国人力资源网的调查统计显示，大学生和企业人士在"解决当前大学生就业难的方法"上的选择，有很大不同。在企业人士看来，最主要的是"学生的就业心态"，而"学生提高职业素质""提高学生技能"是其次，而在学生看来"提高学生技能"及"提高职业素质"是最主要的，"理性就业心态"反而次要。这从一定程度上反映了职业决策时的人职不匹配倾向。

五、职业发展决策的因素

职业发展决策是复杂的过程，影响它的因素有很多，既有外在的，也有内在的。

1. 个人条件的影响

（1）健康

健康是最具影响力的一项，几乎所有的职业都需要有健康的身体。陈果是位学舞蹈的学生，因某些原因造成身残后，就不可能走她所喜爱的舞蹈这条职业道路。当然，也有人因为克服残疾的噩运而变得更加坚强，如霍金、张海迪等。

（2）个性特征

不同气质、性格、能力的人适合不同类别的工作。如多血质的人较适合做管理、记者、外交等，不适合做过细的、单调的机械工作。如果做与自己个性特征不相吻合的工作，那么就觉得自己的活力被束缚，思想被禁锢。

（3）兴趣爱好

与职业选择有关的兴趣称之为职业兴趣。不同职业兴趣要求对应的职业不同。如喜欢具体工作的，相应的职业有室内装饰、园林、美容、机械维修等；而喜欢抽象和创造性工作的，相应的职业有经济分析师、新产品开发、社会调查、各类科研工作等。

（4）负担

负担是指对别人（多为家人和朋友）、对社会及对财务状况所承担的义务。成人必定会受各种义务的束缚，选择职业也绝不可能毫不考虑个人的生活状态。素有"打工女皇"之称的吴士宏也承认，最初选职业主要考虑工资，而现在钱已不是她职业选择的影响因素。

（5）性别

虽然男女平等是基本国策，但"性别因素"仍然在职业发展中扮演着重要角色。职业性别隔离严重存在，很少人能漠视性别问题。当然，如果你坚信男女两性在智慧和能力上基本上相同，那么你的性别应该不会影响你的事业选择和事业成功。

（6）年龄

对工作的看法和态度、对机会尝试的勇气、对胜任任务的能力和经验，不同的年龄表现都有所不同。

（7）所受的教育

一个人所受到的教育程度和水平，直接影响他的职业选择方向和获取他喜欢的职业的概率。

2. 家庭的影响

每个小孩所生长的环境，对他们的就业机会都大有影响。首先，教育方式的不同，造成他们认知世界的方法不同；其次，父母职业是孩子最早观察模仿的角色，孩子必然会得到父母职业技能的熏陶；再次，父母的价值观、态度、行为、人际关系等对个人的职业选择起到直接和间接的深刻影响。因而，我们常常看到艺术世家、教育世家、商贾世家等。

3. 朋友、同龄群体的影响

朋友、同龄群体的工作价值观、工作态度、行为特点等不可避免地会影响到个人对职业的偏好、选择从事某一类职业的机会和变换职业的可能性等方面。张璨，美国一位拥有亿万资产的年轻女总裁，当年在找工作时就是同学引领她走向商界，走向电脑业。

4. 社会环境的影响

社会环境中流行的工作价值观、政治经济形势、产业结构的变动等因素，无疑都在个人职业选择上留下深深的烙印。"五十年代的兵，七十年代的工人，九十年代的个体户，二十一世纪的 IT 业商人"，每年的职业地位排序都对高考志愿的选择和就业选择起到相当大的影响。不同的社会环境所给予个人的职业信息是不同的。

不能否认，一个人的职业生涯决策的决定因素中也有称之为机遇的随机性的成分，但完全让命运摆布的人毕竟是少数，多数人对自己未来发展能够从内外因素进行理性分析，从而有效地进行职业生涯的选择。

六、提高大学生职业决策能力的对策

综合职业发展决策理论，针对大学生所处的职业发展阶段，结合当前大学生的职业发展决策的特点和问题，提高大学生职业决策能力有以下对策。

1. 职业发展规划指导要把握大学生职业发展的阶段性特点

高校应开展深入的调查研究，切实掌握不同时期学生的职业需求、职业决策特点，进行针对性的分类职业指导。对于职业尝试期的大学生，引导他们参与多种形式的社会实践活动，强化他们对职业的感性认识，逐渐形成自己的职业偏好；对于过渡期的大学生，根据学生的需要，进行专业性的职业培训，加强对自我的认识，能够理性分析、确定自己的职业取向；对于试验和初步承诺期的大学生要提供他们更多的职业机会，促进就业市场中供求双方的充分的信息沟通，减少职业探索的机会成本，更快实现自己的职业取向。

2. 引导大学生树立正确的就业观

高校应科学有效地进行思想政治教育，引导大学生树立正确的人生观、就业观，自觉把个人理想同国家与社会的需要结合起来。大学生不要仅仅以物质利益和个人能力发展来评价职业，还要从对理想的追求和奉献社会的角度来评价职业。要改变职业决策中急功近利的做法，理性地评价不同职业对自我价值和职业发展的长远作用，并积极探索在职业实践中获得价值认同的途径。

3. 人才培养要兼顾大学生的职业发展能力

高校人才培养应以就业和社会需求为导向，专业设置和培养方案要反映人才市场供需状况。要特别重视学生的技能培养和社会实践，提高毕业生适应市场和基层需求的能力。

4. 提高大学生的职业决策水平

高校应全面开展职业发展规划指导。应从低年级开始开设职业发展指导课程，以提高大学生职业决策能力，使他们能够客观地认知自我和就业环境，使他们在职业决策中能够自觉地以人职匹配的理念来衡量职业的适应性。大学生一方面要积极参与各种就业实践活动，增强适应能力、创业能力和专业技能，以适应人才市场的需求。另一方面，应结合自身职业发展的状况，认识到自己的志向、兴趣、特长和能力，客观地分析就业环境，恰当定位职业目标，长远谋划职业发展，踊跃到基层锻炼成才。

第三章　就业和求职

第一节　就业能力

随着社会主义市场经济体制的不断发展和完善，我国高等教育大众化、社会化进程的逐步加快，导致高等教育的竞争愈发激烈。大学生就业市场已由"卖方"市场变为"买方"市场，高校、社会、大学生三者之间的一个重要交汇点便是"就业"。因此，一个直接反映高校办学效益、大学生竞争能力、社会市场对高校评价及其毕业生择取标准的评价参数便应运而生，它就是"就业能力"。就业市场存在着"大学毕业生找不到合适的工作，企业也找不到合适的人才"的"就业鸿沟"。专家认为，要跨越这个"就业鸿沟"，大学生就业能力的提升迫在眉睫。

什么是就业能力？就业能力的英文对应词是"employability"或"employability skills"，是一个通用性的名词。目前，国内有许多关于大学生就业能力的研究。大学生就业能力不单纯指某一项技能、能力，而是多种能力的集合。这一概念是对学生各种能力的全面包含。在内容上，它包括学习能力、思想能力、实践能力、应聘能力和适应能力等。这些能力能从学生个体具备的三个方面，即专业技能、通用技能和个人素质集中体现出来。

"能力"在心理学上的解释是指顺利完成某一活动所必需的心理条件，是直接影响活动效率，并使活动顺利完成的个性心理特征，是比较稳定的心理品质，一般很难改变。很多人就因此认为大学生就业能力状况无法改变。事实上，大学生就业能力是个宽泛的概念，大学生就业能力是可以通过教育来开发和培养的，譬如表达能力、社会交往能力、组织能力、团队合作能力、心理调节能力等。

社会上有些人认为专业以外的能力是学生自己的事情，需要学生自身的开发和提高，而学校的作用是有限的。其实，作为学校，从培养的角度看，有责任和义务对学生进行全面培养，而且高校是有能力做到的。当然，学生作为主体也要主动配合学校并积极投身校园内组织的各项学生社会活动。

另外，部分学生对专业外的能力掌握上也存在着认识不足、重视不够、力度不强的问题。试想，即使专业技能掌握得很好而在其他能力方面不够，这样的学生能被社会认可吗？综合能力不强的学生即使踏入社会，在竞争日益加大、社会快速发展的今天，能应对挑战和竞争吗？因此，学生在校期间不仅要重视专业知识、专业技能的学习，更要重视专业能力以外的能力的学习，扎实提高自身的综合能力，只有这样才能提高就业能力。

一、目标职业与专业技能

21世纪是我国进入全面建设小康社会的重要时期，面对科学技术迅猛发展，国际竞争日趋激烈，经济全球化趋势日益明显的形势，职业教育已经成为社会发展的重要基础，成为促进就业和经济发展、提高国家竞争力的重要途径。高等教育是教育中最高层次的教育，它与普通高等教育一起共同构成了我国现行高等教育体系。但是，高职教育具有职业技术性的特点，它的主要任务是培养生产、管理、服务等社会各行业第一线的高级应用型专门人才，将科学技术转化为生产力。包括把科研和开发设计成果应用于生产中去的以工艺技术为主的专门人才；把决策者意图具体贯彻到实际工作中去的一线管理人才；具有特定专门业务知识技能及某些特殊的智能型操作人才。当前我国紧缺的是高级应用型专门人才，在大学生就业难的情况下，高校毕业生如何充分发挥自己的优势，在众多的就业者中脱颖而出呢？国内外专家学者普遍认为学生是否真正掌握一门熟练的专业技能、成长为一名高质量的应用型人才在就业过程中起到关键性作用。

（一）目标职业对专业技能的要求

1.专业技能应用型人才在国内的现状及就业形势

（1）国内专业技能应用型人才现状

近年来，我国制造业发展迅猛，对有技能的人才需求越来越大，甚至出现了专业技能型人才高薪难求的情况。据沈阳市劳动与社会保障局的工作人员透露，目前，技能型人才的需求缺口在逐渐拉大。有资料显示，目前仅辽宁省内技能型人才的缺口就已达上万人。另据了解，2002年全国普通高校毕业生只有145万人，2012年达到680万人，2013年699万人，2014年727万人，2015年已增长至近749万人，2016年高达765万人，2017年达到795万，预计2018年高达820万。与这串逐年加大的数字相伴而生的是，越来越多的大学毕业生手拿文凭徘徊在用人单位门前，久久难以找到工作的机会。一面是大学生就业困难的景象，另一面却是技工荒日益严重。

有关资料显示，我国高级技工、技师仅占技术工人总量的3.5%左右，与发达国家20%~40%的比例相差很远。这表明，我国的职业教育既面临着巨大挑战，也具有极为广阔的发展空间。职业教育必须培养学生良好的职业能力，这样才能走出一条良性发展的道路。

随着我国高等教育从精英教育变为大众教育，以市场需求为导向的新的教育模式已经产生。其实，普通大学毕业生"回炉"技术职业学校在欧美等发达国家一直存在，甚至连硕士、博士毕业生，就业前都必须拿到符合相应岗位要求的职业资格证书。大学生进技校各有利弊，很多大学生认为"技校回炉"是对将来求职的"再投资"，同时也能提高自己的实践能力。有些专家认为：从社会的角度而言，"大学生技校回炉"说明社会更注重人的实际工作技能，这是大学生在求职过程中增加竞争力的有效措施，是一种社会充电，应该值得鼓励。大学生进技校，从某种角度讲，也是大学生觉悟发展到了一种新高度的表现，说明大学生的择业观念有了转变，懂得先就业再择业的道理，也肯踏踏实实地从底层做起，这是一种好现象。

（2）大学生的就业形势

当前，大学生就业形势总体趋势看好，但由于地区经济发展的不平衡，大学生的就业形势也是有喜有忧的，在东南沿海和南方一带大学生就业形势较好，在内地特别是西部地区，大学生的就业形势就差一些，这与不同地区的经济发展状况有着密切的联系。当然，通过学校和毕业生的努力，扬长避短，一些非发达地区的大学生就业也会由被动转化为主动。

大学生的就业优势在于其综合能力的发展。高等职业院校的培养目标从总体上讲是为生产和服务的基层单位培养留得住、用得好的专业技能应用型人才。由于高等职业教育加强了实训环节，学生动手能力较强，不少学生在上岗前可以取得与职业相关的多种职业资格证书，职业资格证书以其在就业市场上的"能力权威认证"的身份，在就业压力不断增强的今天，赢得了用人单位的青睐。现在，除国内的资格认证机构可以颁发职业资格证书外，随着世界经济一体化发展的趋势，国外的一些认证机构也进入中国市场。

2. 掌握专业技能的必要性

（1）掌握专业技能是现代社会对人才的需求所决定的

进入新世纪以来，知识经济和新技术革命已经开始冲击传统的高等教育，现在有些国家和地区出现了"知识性失业""过度教育"的现象。英国在1992年把原来属于高等职业技术教育的学院都改为普通学术型大学，把技术中学和现代中学也改为综合中学，带来了人才单一化的问题。美国《经济学人》周刊2004年发表了一篇专文《英国满街都是大学生》，指出这种"统一"趋势令英国高等教育被灾难性地削弱，产生"学位膨胀"，出现"满街都是大学生"的不正常现象。英国的前车之鉴告诉我们，如果没有以培养各行各业实用型职业技术革新型人才，即培养生产、管理、服务一线专门人才的高职院校，就不能充分满足社会生产发展的需要。而高职院校的学生只有具备良好的专业技能才能更好地服务于社会。在我国高等教育领域，曾长期存在单一本专科层次的现象。20世纪90年代以来，随着高等教育体制改革，大量高校合并且重新定位，伴随着"升格风"和"综合化"，高等教育多样化的客观要求和高校之间"趋同化"趋势的矛盾更加突出，越来越不适应社会主义市场经济下多样化人才的需要。我国经济快速发展，对技能应用型人才尤其是高技能应用人才的需求自然也快速增加；世界制造业加速向我国转移，进一步促进了对职业教育的需求；城镇化的加速加快了发展职业教育的步伐；中央把从根本上解决"三农"问题摆在重中之重的战略位置，对加强农村劳动力的职业教育和培训提出了紧迫要求。由此可见掌握专业技能是现代社会对人才的需求所决定的。

（2）培养学生掌握专业技能是高职院校的培养目标所决定的

高等职业教育是高等教育的一种新形式，也是高等教育大众化的重要载体。它以服务社会主义现代化建设为宗旨，培养高素质劳动者和高技能专门人才。高等职业教育必须以服务为宗旨，以就业为导向，积极为现代化建设培养和造就高技能应用型人才。高职以就业为导向目标的实现，其落脚点是使学生能顺利地走向社会，适应工作岗位和社会发展要求，提高学生的就业率。从现实来看，大学生的就业情况并不理想。就业目标的实现需要多方面的条件，对高职教育来说，要提高学生的就业率，必须加强学生掌握专业技能能力的培养，使学生具备较强的就业竞争能力、从业能力、岗位适应能力和发展创新能力。以服务为宗旨，以就业为导向，走产学研结合的发展道路，是国家对高职院校办学方向的科学定位。

综上所述，对大学生来说，专业技能是其提供就业保障的必要条件。不断学习、努力提高自身的专业技能，是高职毕业生将要从事的职业对自身提出的客观要求。如果高职毕业生墨守成规，不注意学习、提高专业技能，仅凭书本上的理论知识，就无法适应工作岗位的要求，显然失业的风险也就无法避免。因此，高职毕业生决不能满足于学校在专业技能方面组织的训练，更要扎实提高自身的专业技术、技能功底，防范由于专业技能不足可能给自身带来的风险。

3. 目标职业对专业技能的要求

（1）掌握先进的专业技能，是从事目标职业的保障

高等学校职业技术教育与传统精英教育模式的高等教育不同，它以社会需要为培养目标，瞄准市场对人才的需求，制定适合行业发展的培养方案，造就我国经济建设中的一线岗位工作的高等应用型人才。高职教育既培养学生掌握过硬的专业知识和操作技能，又要有爱岗敬业精神。每个学生都应通过在校时的学习、培训，努力成长为一个"人无我有、人有我优、人优我特"的专业技能型人才。

（2）踏实进行顶岗实习，初步掌握工作实际经验，握住进入目标职业的优先权

大学生就业市场已由"卖方"市场变为"买方"市场。大部分企业在招聘人员时，都会要求应聘者有一定的工作经验，作为大学生本身不具备社会工作阅历，工作实际经验的掌握是非常有限的。要想成为百万就业大军中的突出者，要注视学校方设置的顶岗实习，通过最后阶段的顶岗实习努力掌握一定的工作实际经验，为毕业进入目标职业提供一定的优先机会。

（3）掌握扎实的专业实践操作技能，是从事目标职业的通行证

职业资格鉴定在我国已经展开，尤其是高等院校，随着大学生毕业后就业压力的增大和人力资源需求的变化，大学校园兴起考证热。产生这一现象的原因除了就业竞争的压力

外，还与国家颁布的持资格证书进入相关行业的规定有直接关系。职业资格证书制度是劳动就业制度的重要内容之一，也是一种特殊形式的国家考试制度。它是指按照国家制定的职业技能标准或任职资格条件，通过政府认定的考核鉴定机构，对劳动者的技能水平或职业资格进行客观公正、科学规范的评价和鉴定，对合格者授予相应的国家职业资格证书。高等学校的学生，在完成必要的理论知识和专业技能学习后，参加职业鉴定中心组织实施的高校大学生职业技能鉴定并取得职业资格证书，是其今后进入目标职业就业的通行证。

（二）专业技能与专业课程的关系

1. 专业课程的设置

专业课程的设置反映了学校教育的发展思路和教学资源的分配格局，直接决定着大学生的知识结构和专业技能的掌握情况，并最终影响大学毕业生的就业竞争力。

课程设置要科学合理，突出实训教学的特点，职业教育必须按照岗位、职业所需要的能力要素设置课程体系。科学合理的课程体系是专业教学质量高低的关键，应以提高实践操作能力为培养目标。

制定某专业课程体系前一般都会注意以下几个问题：①本专业应开设哪些课程，是否应突出实践操作技能的培养？例如，陶瓷艺术设计专业开设《陶瓷粉彩装饰》这门课，该门课实践性强，是该专业学生所应掌握的核心技能之一，开设这门课对该专业就有很重要的作用。所以，开设的每一门课都应保证教学内容的实用型和针对性。②每门课的教学目标是什么，理论和实践课时应如何分配？每门课要完成哪些基本内容，达到哪些基本目标，采用哪本教材比较符合我们的学生层次，特别是专业课，哪些实际操作必须要掌握，哪些基本理论必须要理解，这不仅仅是教师要思考的问题，也是学生在学习过程中必须清楚的事。每门课的开设都有其意义，教学目标要明确，可操作性要强。③课程如何衔接，哪些必修，哪些可选修？课程设置是一个整体规划，哪些课程先上，哪些课程后上，先上的课程哪些内容必上，哪些内容可选上，这些都是课程衔接问题。课程衔接得好，循序渐进，环环相扣，有利于激发学生的兴趣，保证实践教学的顺利进行。④哪些课程为专业主干课程，哪些为考证课程？专业主干课程对学生掌握专业技能起到了什么作用？

专业课程设置要体现多样性和先进性。一方面，根据市场需求，设立若干个主、辅修课程，学生根据自己的爱好、兴趣及个性选修相应的课程。从学生素质提高的角度出发，开设一些跨专业课程供学生自主选择。另一方面，专业课程设置须与科技进步相合拍，使学生所学的知识能在社会上保持领先的水平。从教学方法和考试方式上进行变革，关注学生综合素质的培养。尤其应注重学生人文精神及创新、人际交往、动手能力等的培养。变革教学方法，丢弃灌输式教学方法或其他形式单一的方法，采用互动交流式教学方法，充分发挥学生的主体作用，课堂教学方式应当是传授、讨论、专题研究、案例分析、情景模拟等方式的有机组合。变革课程考核方式，注重大学生学习能力、思维能力的培养。比如，可以采取笔试、面试、动手能力测试、评价学生的"读书心得"和解决实际问题的专题研究报告等相结合的方式来评定学生的成绩。

高职院校应当积极创造条件，加强专业实践教学环节，注重培养大学生的实践能力。

2. 专业课程学习对掌握专业技能的重要性

课程标准与专业技能能力标准的关系，是职业教育学校所特有的问题。如何处理这一对关系，不仅涉及能够给学生提供哪些课程内容，还涉及学生未来可能的职业生涯发展空间，以及职业教育事业本身的发展。

当前职业教育发展的切入点，并非在于以学生素质降低为依据，简单地降低课程标准。而是要通过加强对职业教育课程理论的研究及实践改革的力度，探索更富职业性的课程体系，以特有的人才培养模式及高标准的职业型人才，去取得其在教育体系中应有的地位。只有按照高于职业能力标准的要求去确定课程标准，职业教育才能获得相对独立性，培养出来的学生才能形成可持续发展的就业潜力。在目前的形势下，我们应当高于职业能力标准要求去确定课程标准。首先，课程标准的确定要以职业能力标准为基础，培养能够完成任务的人是职业教育的基本要求。如果学生学习了很多理论知识，却根本不知道如何工作，这种职业教育必然是不成功的。但是，课程标准的要求应当高于职业能力标准，职业学校不仅要培养能够完成工作任务的人，还要培养能够把任务完成得更好的人，他们不仅掌握了基本工作程序、方法和工具、设备的使用，还应当能够理解工作过程中的各种关系，具备反思的意识和能力。要达到这一目标，需要加强相关理论知识的学习，但也要注意发展学生的实践智慧。

（三）专业技能掌握水平的评价体系

人具有社会性的本质属性决定了人在社会中必须要扮演一定的社会角色，从事形形色色的社会活动，这些活动从广义上讲可以称之为职业活动。每个人的身心特点、知识结构、素质能力各不相同，所适合的职业范围，从事的职业活动也不尽相同，如何取得合适的职业，恰当地履行社会角色，获得合理的经济报酬，是每个人踏入社会前必须考虑的问题。对于具有一定的专业技能、较高素质的大学生而言，正确地认识自我，把自我认知与目标职业有机地结合起来，一方面使自己在大学阶段确立明确的职业预期目标，并为之做好相关的准备，另一方面使自己在面临职业选择时做到从容不迫，是非常重要的。现就大学生针对自身掌握的专业技能进行自我认知、自我评价问题进行探讨。

1. 对专业技能的自我认知

人们都希望在社会中寻找到适合自己的工作岗位，给自己一个合适的社会定位，但并不是人人都能如愿。许多哲人圣贤都对这一命题有过十分深刻精辟的论述：《老子》中有"知人者智，内知者明"的格言，我国春秋战国时代大军事家孙子曾将自己的用兵之道归之为"知己知彼，百战不殆"，古希腊哲学家苏格拉底曾有一个十分著名的命题"认识你自己"，可见正确认识自己有多么重要！一个不能正确认识自己的人，不能对自己做出正确合理评价的人，是无法把主观愿望与客观条件有机地结合起来，从而确定符合实际职业目标的，往往会在形形色色的社会职业面前眼花缭乱，无所适从，丧失良机，造成就业困难；或是定位、选择不当，以至于走上工作岗位就对自己所选择的职业感到失望。与此相反，有些人由于能正确地认识自己，合理评价自己，发现并发挥了自己某方面的才能，使自己的主观愿望与客观实际密切结合，从而在择业上获得了很大的成功。

自我评价是自我认知的过程，是建立在自我观察和自我分析基础上的对自我身心素质的全面评估。实践证明，一个人自我评价的水平越高，越能促进自己的健康发展。就大学生择业而言，自我评价不是自己一厢情愿地"我想干什么"，而是考虑自身素质，并清楚"我能干什么"。这也是实现择业者知、行、意统一的过程。自我认知是自我评价的结果，是在自我评价的基础上对自我的专业技能掌握情况及熟练程度进行分析，以及对目标职业发展形势及相关专业关系等的全面了解。从就业角度出发，大学生的自我认知也就是通过自我评价，结合职业分析，全面、正确地认清自己的职业适应性。

在进行自我评价过程中一定要做到：适度性，即对自身的评价不过高也不贬低；全面性，既要看到自身的优点也要看到存在的不足；客观性，即要以客观事实为基础和依据对自身进行评价，不能盲目地对自身进行评价；发展性，即要以发展变化的眼光来看待自己，认识到随着时间的推移、经验的积累，能力也会不断地拓展。

2. 评价自身专业技能掌握的方法

（1）进行职业专业技能资格鉴定，以获得资格证等来评价掌握程度

对学生进行职业化培养，积极鼓励、创造条件帮助学生获取职业资格认证。目前我国社会劳动保障部门为了保证劳动力市场健康有序地发展，实行了职业资格认证制度，高校各专业课程可参考职业资格考试内容或职业认证考核的内容进行设置。积极鼓励有条件的学生参加职业资格考试。可以通过争取在本校设立报考点和开设资格考试辅导班，为学生营造便利的学习和考试环境。通过学生的职业技能素质培养，有利于大学生就业能力和竞争力的提高。

（2）积极进行假期社会实践活动，通过企业的评价来认识掌握专业技能的高低

学校应积极推进校企合作办学。随着高等教育的不断发展，高等教育与企业的联系越来越密切。通过与用人单位合作，利用假期安排学生到企业进行顶岗实习，倾听企业对学生掌握专业技能程度的反映，采纳他们对专业设置、培养目标的建议，这样培养出来的学生才可能是专业技能应用型的，是企业发展所需要的人才，而不是所谓的眼高手低的纯理论人才。

大学生要在不断地学习和实践中不断完善自己，同时充分地认识自我，改正缺点，发扬优点，为以后的择业增加信心。同时要转变就业观念，敢于去条件艰苦，待遇不是很高的地方去锻炼自己，真正做到"先生存、后发展；先就业、后择业"。在学习中要不断提

高自己的专业能力和职业能力，在毕业前努力取得毕业证书和职业资格证书"双证书"或"多证书"，做到理论与实践充分融合，为以后的择业增加筹码。

二、目标职业与通用技能

不同类型的职业对从业者有不同的要求，大学生综合素质的提高就要在遵循这些要求的基础上，有的放矢地进行培养，只有这样大学生走上社会后才能适应不同类型的职业。本节将从社会、职业对大学生提出的诸多要求出发，阐述大学生应努力培养什么样的通用技能，如何培养这些通用技能一系列的问题。

能力是直接影响活动效率、使活动顺利完成的个性心理特征。信息时代社会的快速发展对大学生的能力提出了新的要求。求职竞争说到底是知识与能力的综合竞争。一般来说，不同的学科和专业对毕业生有着不同的能力要求，但无论什么专业的毕业生要顺利就业并尽快有所成就，都必须具备一些共同的基本能力，我们将之称为"通用技能"。因此，对大学毕业生而言，要想迈好走向社会的第一步，选择一份理想的职业，必须未雨绸缪，不仅要在积累知识上做好充分的准备，同时更应该在培养和提高能力上苦下功夫。

（一）目标职业对通用技能的要求

1. 表达沟通能力

所谓表达沟通能力就是指一方运用语言、文字或身体语言（例如表情、神态、姿态、动作等）阐述自己的观点、意见或思想，将其准确地传递给另一方的能力。表达能力包括语言表达能力、文字表达能力及身体语言表达能力，这是大学生应该具备的基本能力。语言和文字作为人与人之间最主要的交流工具，在日常学习、工作和生活中，所起的作用无可替代，但在人际交往过程中，语言沟通和非语言沟通是并存的，并相互补充、相互印证，一般情况下，两者是一致的。有时相互矛盾时，人们大多愿意相信非语言表达传递的信息。

大学毕业生不论今后从事管理工作还是技术工作，不论在政府机关还是民营企业，不论是用言语还是用文字，清楚、准确地表达是十分必要的。现在已经不再是"酒好不怕巷子深"的年代了。在当今这个信息时代，如果想让自己脱颖而出，让别人了解你、重视你，更好地发挥你自己的才能，其前提就是要有表现自己的能力。要准确表现自己，就离不开出色的表达沟通能力。不仅在参加工作走向社会，会立即强烈地意识到这一点，而且在求职择业时，就会有深切的感受。比如撰写求职信、自荐信、个人材料，回答招聘人员提问，接受用人单位的面试等，第一个环节就需要较强的表达能力。

用人单位对大学生表达沟通能力的基本要求是：能用准确、流畅的语言讲述事实，表达观点，能够撰写计划、总结、调查报告、公函等常用文书，同时还能够准确、高效地理解对方通过语言、文字或身体语言传递的信息。

西安杨森公司人事部经理邓康明曾经谈了自己考察人的看法。他说，做人的学历，流利的英语，熟练的电脑操作，并不能保证你就一定能马到成功，而一些"软件系统"则可能成为我们招聘的主要条件。"软件系统"包括你的观念、态度、哲学等。比如你是否正直、诚实，是否乐于与人沟通，是否能与团队合作，是否敢于接受竞争等。

2. 人际交往能力

人际交往能力实际上就是与他人相处的能力。大学生重视培养人际交往能力，不仅是未来工作环境的需要，还因为社会上的人际关系远比学校的同学、师生关系复杂得多，社会生活要求步出校门的大学生必须与各种各样的人发生这样或那样的关系。能否正确、有效地处理好人际关系，不仅影响大学生对环境的适应程度，而且影响着他们的工作效能、心理健康、生活氛围和事业的成败。

用人单位对大学生人际交往能力的基本要求：能与他人建立健康的人际关系，在工作实际中能正确、妥善处理各种人际关系，提高工作效率。

3. 分析判断能力

什么是分析判断能力？分析是从各种事物中找出共同点和差异点，而不是简单罗列现象；判断是一种对事物情况准确地加以肯定或否定，而不是妄断。分析是判断的基础，判断是正确抉择的前提，符合实际情况的判断才是准确的判断。准确的分析判断是我们办事情的基础，情况明，才能决心大。判断也是科学研究的基础，任何一门科学理论，都是经过对事实材料详尽分析后做出的一系列准确判断构成的。

分析判断能力的内容，包括分析判断的逻辑形式和分析判断对象两个方面。人的分析判断能力首先就表现在他所做出的分析判断是否合乎逻辑。分析判断对象指的是各种事物情况，任何分析判断都是对事物情况的断定，不同类型的事物情况规定了分析判断能力的不同范围。一般包括宏观判断能力和微观判断能力。具体地说，即分析判断形势的能力、分析判断业务的能力、分析判断他人的能力和分析判断自身的能力等。当今世界纷繁复杂，只有准确地分析判断，才能大胆地开拓，优柔寡断决不能创业，人才在某种意义上来说，就是指能做出准确分析判断的人。分析判断能力如何已成为衡量人才的一个决定性的条件。

怎样提高自己的分析判断能力？提高分析判断能力最主要的是两个方面。一是要具备正确运用各种类型的分析判断逻辑形式的必需的知识。分析判断是逻辑学中一个重要内容，要提高分析判断能力必须学习逻辑。二是要勤于实践。人的一生是实践的一生，也是不断分析判断的一生。实践是检验分析判断正确与否的唯一标准。

应聘单位常会考察应聘者的分析判断能力。这种考察不是考核逻辑专业知识，而是考核应聘者对各种信息的理解、判断、分析、综合、推理等日常工作和生活分析判断能力。即使大学毕业生不具备专业相关的专业知识，仍然可以有较强的日常分析判断能力和运用能力。

某用人单位对应试者进行初试的一道分析判断题如下：

假设，甲和乙的身高高于丙和丁，当什么情况下"戊的身高高于丁"的命题成立？

A. 戊的身高高于丙

B. 甲的身高高于乙

C. 丙的身高高于丁

D. 戊的身高高于乙

解答这道题目，其实并不需要专业的逻辑知识，依靠日常生活中的逻辑就能解决类似的问题。当然，如果大学生具备一定的逻辑专业知识，就能够解答生活和工作中更复杂的问题，会更受用人单位的青睐。

4. 问题解决能力

问题解决能力是指个人在真实的工作和生活环境中解决问题的一系列认知加工过程和情绪、行为反应。

扎实的专业知识、良好的知识结构是有效解决特定领域问题的最重要条件之一。因此，培养学生问题解决的能力首先要促使学生尽快熟练掌握专业知识，完善学生的知识结构。在每一门学科教学中，都需要认真研究这门学科的基本知识结构和核心知识，然后有目的、有计划、系统地传授给学生。在知识传授中，不仅要重视陈述性知识的讲解，更重要的是要重视程序性和条件性知识的学习。程序性知识和条件性知识对提高学生问题解决能力起着非常重要的作用。在告诉学生"是什么"的同时，关键要教会学生"为什么"和"怎样做"，使他们获得大量牢固的"如果—那么"的产生式系统。

掌握问题解决的基本程序：问题解决需要一个过程，掌握问题解决的基本程序有利于问题解决。在教学中教给学生一些通用的问题解决的方法和思维策略，会有效提高他们问题解决的能力。其中弗斯坦的"工具强化教程"、邦德富德等的"IDEAL 问题解决者"和德波诺的"思维教学教程"都是比较有影响的思维策略训练方案。

5. 创新能力

创新能力是一种综合能力，是各种智力因素和能力品质在新的层面上融为一体相互作用、有机结合所形成的一种合力。国外一些有名的大企业家聘用员工时要求其在受聘的一年时间内必须犯一次"合理错误"，否则将被辞退。日本不少企业聘用员工时总要聘用部分与学历无关、与在校成绩无关而具有鲜明个性的学生。这些都是在寻求具有开拓创新能力人才的一种尝试。著名物理学家、诺贝尔奖获得者温柏格说过："不要安于书本上给你的答案，要去尝试发现与书本上不同的东西，这种素质可能比智力更重要，往往是最好的学生和次好的学生的分水岭。"作为大学生，首先要积累知识、增长才干，为培养创新能力奠定坚实的基础；其次要培养想象力；最后要培养发散性思维能力。

6. 团队合作能力

当今世界，任何地区都已成为国际网络中相辅相成、互助互动的一个纽结。这客观要求现代人具备面向世界，参与国际竞争与合作的素质和能力。这种环境下，拥有团队合作精神，具备团队合作能力，对于大学生是不可缺少的。学校生活相对简单，单兵作战或许可以独立应付，而职场生活中的业缘关系则复杂得多，一个人的能力再强，也需要他人的配合和支持。认识自己，才敢于竞争，认识他人，才善于交往，而认识他人必先认识自己，自尊自爱、自信自强是人们参与合作的前提。合作不排斥竞争，也不是无原则的迁就。在竞争激烈的社会中，大学生要学会确立和保持独立意识，在公平竞争、合理沟通中求得生存与发展；只有学会认识自己才会真正设身处地地去理解他人，增进人际交往的能力；必须放开眼界，了解世界，了解他人，尊重他人，在人际沟通和交往中，求同存异，合作互助。

7. 组织管理能力

虽然不是每个大学毕业生都会从事管理工作，但在实际工作中每个从业者都会不同程度地需要组织管理才能。现代社会职业表明，不仅领导干部、管理人员应当具备组织管理才能，其他专业人员也应当具备。随着时代的发展，纯"书生型"的人才已不能适应社会的需要。近年来，许多用人单位在挑选录用大学毕业生时，在同等条件下，往往会优先考虑那些曾担任过学生干部，具有一定组织管理能力的毕业生，这正反映了时代的客观要求。

8. 动手能力

动手能力也就是实际操作能力，是知识转化为物质力量的重要保证，是专业工作者必须具备的一种实践能力。对毕业生而言，无论是从事教学、科研、临床还是在生产第一线，动手能力的强弱将直接影响到能量的发挥程度。作为一名医护人员，只懂得理论是不够的，如缺乏实际操作能力，那就会影响医疗水平和服务质量甚至会酿成医疗事故。因此，大学生要注意克服重理论轻实践的倾向。事实上，为培养基础扎实，动手能力强的一代新人，各高校在教学培养的模式上已做了相当程度的调整，基本上结合教学进程都安排了见习和实习。问题是毕业生本人必须重视这些环节，要多参加学校活动，多参加社会实践，多参加社团活动。

9. 适应能力

适应能力是一个人综合素质的反映。一个适应能力较强的人能够很快适应新环境，即使是在比较大的困难下，也能变不利因素为有利因素，获得成功。适应社会和改造社会是对立统一的两个方面，无法想象一个不能接纳社会的人能够改造社会。大学生在跨出校门之前大都有远大抱负，但当真正在生活的激流中奋勇前进时，往往会发现现实生活常常不尽如人意，面对现实生活的消极现象，常产生不安、不满的情绪，而常以改造社会为己任的大学生忽视了适应社会这个前提。大学生只有注意培养自己适应社会的能力，走向社会后才能缩短自己的适应期，充分发挥自己的聪明才智。当然大学生对社会、环境的适应是主动的、积极的适应，不是消极的等待和对消极现象的认同。

10. 学习能力

当今世界，知识信息的更新和增长空前快速，终身学习的时代已经到来，要树立终身求知、终身学习的理念。学生阶段的学习，仅为今后步入社会继续学习、终身学习奠定一定的基础。大学毕业生只是告别学校，并不是告别学习。不断学习新知识，获得新本领，是适应社会发展的要求，是现代人生存和发展的手段。大学生必须学会充分认识知识的价值，将尊重知识作为知识经济时代价值观念的核心；学会如何独立地获取知识，善于组合、加工、消化已有知识，进而力求有所发现、有所创造，这是学会学习的方法和结果。未来的文盲不是不会阅读的人，而是没有学会怎样学习的人；学习应该是全面的，不仅要认真学好本专业的知识，而且要学好与专业有关的其他方面的知识，学好有利于提高自身综合素质的各方面知识。

11. 承受挫折的能力

挫折是指人们在达到目标的过程中遇到障碍甚至失败时产生的紧张状态、情绪或行为反应。随着高等教育从"精英教育"向"大众化"教育过度，高校毕业生就业发生了质的变化，就业形势变得越来越严峻，竞争越来越激烈。择业本身既是一次主、客观相碰撞的过程，又是在择业竞争中优胜劣汰的过程。因此对于大学生来说，择业中遇到挫折是很正常的事，应该做出理智性的反应，笑对挫折，勇对挫折，冷对挫折，智对挫折，愈挫愈坚，成为战胜挫折的强者。永远微笑着面对生活，走向明天，不在失败中沉沦，而从挫折中奋起。

12. 竞争能力

竞争是生物进化法则注入人们心脉的一种本能，到了现代社会，由于市场经济的发展及人们知识和技能的增长及强化，这种本能的潜质在人们身上变成顺利完成某种活动所必备的一种心理特质。对当代大学生而言，由于他们在人群中所处的位置不同，因而培养其竞争能力就变得尤为重要。竞争是实力的展示，拥有知识，掌握比较多的技能，善于把握时机，敢于展示，才能表现为竞争能力。培养竞争能力的重要前提是提高自己的综合实力，而不仅仅是一种争强好胜的抽象意识。竞争是人格的考验，它使胜利者继续前进，使失败者急起直追。在竞争中要保持健康的心态。成功有先后，胜利有迟早，只要目标合乎客观实际，加上自己顽强的努力，人人都能成功。

13. 决策能力

决策能力是在面临多项选择时能及时、果断地做出最佳选择的一种能力。它可以使你少走弯路，少犯错误，以较少的付出获取较大的成功。人的一生往往会遇到许多重大的选择，优柔寡断勿失良机与草率决断抓芝麻丢西瓜一样，都会给整个人生带来莫大的影响。因此大学生在校学习期间，应有意识地培养自己的决策能力。首先要克服从众心理，解放思想，冲破世俗，不拘常规，大胆探索；其次要增强自信心，相信自己的聪明才智；最后要注意决策勿求十全十美，注意把握大局。

虽然求职路上会有磕绊，但努力的付出也会赢来鲜花和通途。我们相信，只要大学生有意识地从多个方面锻炼自己的通用能力，就一定能够增加顺利就业的砝码，进而选择理想的职业并最终获得美好的未来。

与此相对，以下4种毕业生则不太受用人单位欢迎：

第一种，以自我为中心的人。这种人不懂得关心、体谅他人，不会与人和睦相处，遇事不能以大局为重。任何一个单位都不会喜欢这样的人。

第二种，缺乏朝气和个性特点的人。这样的人多是平平庸庸、碌碌无为之辈。他们办起事来拖拖沓沓，没有利索劲儿，不富有感染力！不给人以好感，自然也引不起用人单位的兴趣。

第三种，没有责任感的人。这种人是最让人不放心的。因为交给他们的工作任务，他们不会尽职尽责、保质保量地去完成，这势必给管理人员带来不必要的烦恼和担忧。哪个用人单位愿意聘用这样的人呢？

第四种，体弱多病的人。这种人中有相当一部分是属于娇气、孱弱类型的。有的人有点儿头疼脑热就会"痛不欲生"，小病大养。试想，病秧子能让用人单位喜爱吗？

（二）识别并评价自身通用技能

踏上择业征程的道路，从你刚刚迈入大学校园的那一天就已经开始，从那时起，你就需要为你的成功积累资本；而进入毕业阶段，你首先要做的正如孙子所言，就是"知己知彼"，以便做出正确、合理的就业决策。大学生在大学阶段产生的困惑和在择业时出现的迷茫、失意，并不在于智能或基础能力上的问题，而在于自我认识不足，自我评价不全面。比如因一次面试没通过，不认为"那次面试我没通过"，却认为"我就是个失败者"。自我评价是自我认知的过程。就高职学生择业而言，自我评价是择业意识从"我想干什么"的幻想型转变到"我能干什么"的现实型上来的过程，也就是实现择业者知行统一的过程。因此，自我评价在毕业生们的就业过程中是十分重要的。

严长寿28岁当上美国运通公司总经理，32岁成为中国台湾地区亚都大饭店总裁，并赢得"饭店业教父"的美誉。他以自己的亲身经历告诉人们：没有背景，没有高学历，不是最聪明，也不是运气最好的人，照样能够成功。他觉得，在工作初期，对自己要有清醒的认识。严长寿高中毕业后没有考上理想的大学，退伍后在美国运通公司当传达的那段时间里，几乎每天大家下班了，严长寿还留在办公室里学英文、学电脑。办公大楼里同一层的另一间办公室是美国环球航空公司，老板是一位外国人。他发现严长寿每天晚上都留下来自修，于是问严长寿："每天看你留到很晚，你都在学些什么？"严长寿说："我在学航空公司票务。"他马上说："我们现在正好需要一名初级票务员，而且有机会到夏威夷受训，你有没有兴趣？"他还说受训回来可以有6000元的月薪，而严长寿当时的月薪只有2000元。对一个年轻人来说，既可以出国受训，又有这么高的薪水，这的确是一个非常好的机会。但在衡量了自己的能力后，严长寿婉言谢绝了那位老板。因为他觉得当时自己还没有准备好，在公司中，他的学历最低，条件也最差，尤其是英文还不过关，去了之后自己不能胜任工作，恐怕会让老板失望。

在工作初期，"认清自己"很重要。因为选择工作时你需要知道自己的个性和处境，订立短期目标时你需要知道自己的优缺点；当有更好的机会来临时，你也必须客观地再次检查自己的实力。

1. 通用技能自我评价的内容

从进入学校校门的第一天起，我们每个人就在为自己的未来"打拼"。寻找理想职业的征途，并不仅仅是制作简历、参加笔试和面试的过程，它依赖于你对职业及自我的了解。高职毕业生要联系自身实际，理智地进行自我评价。自我评价的内容包括以下几点：

（1）自身综合素质、能力、性格、气质的自我测评。如学习成绩在全专业中的名次，自己的兴趣、特长、爱好，自己有何出众的能力等。

（2）自身优势和劣势。自己在择业过程中，同周围的人比较，自己具有哪些优势，哪些劣势。

（3）自己的理想。问一问自己究竟想做什么，即自己想在哪一方面有所发展，想成为什么样的人才。

理智地对自我进行评价，在择业中至关重要。如果你不清楚自己有何优势、有何劣势，不分析自己真正想要的是什么，会导致择业过程中盲目从众或患得患失，同时也会影响到今后的工作发展。

2. 通用技能自我评价的原则

正确地认识自己，全面地评价自己，准确地给自己定位，才能找到合适的工作，才能在工作中不断地超越自我。对自己和周围世界有着准确了解的人，最有可能做出明智的职业决策。正确的自我评价，应把握如下原则：

（1）全面性

自我评价应当全面。既要看到自己的优点和特长，又要看到自己的缺点和不足；既要对自我某一方面的特殊素质进行具体评价，又要对其他各个方面的整体素质进行综合评价；既要考虑到全面的整体因素，又要考虑到其中占主导地位的重点因素。反之，任何一种片面的、孤立的、不分主次的自我评价，都不可能全面而正确地反映自己的整体素质状况。

（2）客观性

自我评价还应当掌握客观性的原则，不客观的自我评价会导致评价结果偏离实际。过高的评价往往使自己脱离现实，意识不到自己的条件限制，甚至自傲狂妄，由自信走向自负；过低的自我评价，又往往导致忽视自我的长处，缺乏自信，过于自卑。

（3）发展性

自我评价时，应以发展变化的眼光看待自己。世间万物都不可能是静止不变的，包括自我评价者自己。今天的自我，已不同于昨天的自我；明日的自我，显然也不会是今天的自我。自我评价不但应当对自己现在的素质做出适当、全面、客观的评价，而且应当着眼于未来的发展变化，预见性地估价自己将来的发展潜力和前景。

3. 自我评价的方法

人们对自我评价的结果往往会决定自己的行为。认识自我，就是要认识自己的心理特点，认识自己的理想、价值观、兴趣爱好、能力、性格等心理特点；认识自我，就是要客观地评价自己，不高估自己，也不贬低自己；认识自我，就是要认识自己的优势、劣势，自己的与众不同和发展潜力。生理特点，如身高、体重，能够比较容易地测量出来，那么心理特点又该如何考量呢？

自我评价的具体方法，主要包括自省、听取他人评价、接受他人或自行进行心理测试等。

方法一：自我评价

对自己的想法、期望、品德、行为进行理性思考，然后认真地描述和判断自己的特点。比如，问问自己：我喜欢处理人际关系，还是喜欢处理具体技术问题？什么能激发我的活力，什么令我感觉倦怠乏味？需要注意的是，要尽量以客观评价为依据，避免因为个人认识或个人动机出现较大误差。比如，有的人成绩一般却自我欣赏，有的人成绩显著却自感不如他人。

方法二：他人评价

"当局者迷，旁观者清"，这句话对于处于择业过程的毕业生们同样有效。有时我们确实很难清醒地认识自己，了解自己。发现自己可以由自己发现，也可以由别人来发现，常用的方法有：

一是比较分析法。拿自己与别人做比较，看自己有哪些能力比别人要强。比如说在操作实习时，别人很艰难地才能完成任务，而你能轻松完成，说明你的动手能力强。

二是他人评价法。"不识庐山真面目，只缘身在此山中"。认识自己是非常难的，你也可以请教你的亲朋好友或老师，看他们认为你有什么特长或过人之处。让旁观者的眼睛成为自己的一面镜子，照出自己的真实面貌。

三是专家咨询法。到就业指导中心、专业咨询机构进行咨询，是一种有效而快捷的方式。咨询人员会用他的学识、经验及科学的咨询技术给你提供帮助，在咨询过程中你会获得大量的知识和信息资料，获得对问题的重要认识。更重要的是，通过专家咨询，会提高自己的决策能力。

方法三：心理测试

心理测试是一种力求客观的测试手段，它的特点是能够在较短时间内测出一个人的某方面特点，并且这一特点是在与群体的比较中得出的。通过测试，个人能够在短期内获得对自己较为客观的描述和评价。通过评估，分析自我的特点，再结合职业的要求，帮助自我进行职业选择，这也就是通常意义上的"人职匹配"。了解自我可以帮助个人做出更好的职业选择，但在具体操作中要准确理解测试报告。

（三）提高通用技能的方法

一个人只要懂得了培养能力的基本途径，掌握了提高基本技能的具体方法，各种通用技能自然会有所提高。现就与综合职业能力培养密切相关的以下几个方面能力进行探索。

1. 学习能力方面

学习能力主要是指对学习技术的掌握能力和学习方法的应用能力，还包括在学习过程中所持的学习态度。对学习技术的掌握能力即运用各种先进的媒体技术不断获得知识的能力，比如对互联网、学习软件、CD—ROM和在线服务的应用等；学习方法的应用能力是指运用有效的方法，学习并应用新知识、新技能的能力，包括对自己的能力、特点的系统的自我认识，能够找到适合个人条件的学习方法，进行自主学习，从而自觉地应用多媒体技术提高学习效率。学习态度是学习者形成并应用学习能力的不竭动力。

在学习活动中，掌握学习方法比学到知识更为重要。因为最有价值的知识是关于方法的知识，科学的学习方法是学习的"加速器"和"催化剂"，有助于提高人们的学习能力。学习能力的培养主要从以下几个方面加强引导，养成良好习惯。

（1）学会预习

预习是对所学材料的初步感知识记阶段。它要求学生在教师讲课之前，自己独立地阅读新课内容，分析教材的基本内容和思路，复习、巩固和补充有关的旧知识，明确新旧知识之间的关系，找出新教材中自己不理解、不清楚的问题，判别新内容中的重点、难点和疑点，为接受新知识做好相应的准备。

（2）学会听课、记笔记

学生要学会学习，关键要学会听课。首先要充分做好课前准备工作，包括知识上、物质上、身体上、心理上的准备。上课时要注意力高度集中，不能心猿意马，要开动脑筋，积极思维，把老师的讲解和自己的理解互相对照、比较、印证、补充。要特别注意做好课堂学习笔记，手脑并用，把学习中的一些重点难点或书本上没有的东西记录下来，便于复习。记笔记的方法可用不同颜色的笔做不同的标注，或使用不同的符号标注，例：？（问题）！（重要）∵（原因）∴（结果）等。

（3）学会复习

要提高复习的效果，一是要有目的性、针对性；二是要及时；三是要有计划；四是要结合思考；五是要勤动手，写心得，列纲要，做笔记，手脑并用，使知识更加条理明晰。

（4）学会做作业

做作业是学习过程中一个不可忽略的重要环节，它既可以检查自己的学习效果，也可以加深对知识的理解，还可以为今后的复习积累材料。作业要求准确、规范、快速，养成良好习惯。

（5）学会考试

除了树立正确的考试观、正确对待考试、认真抓好考前复习和做好考前准备、调节好考试心理外，还应掌握一些考试技巧。一是要明确考试要求、掌握好答题的时间和节奏；二是要在答题时先易后难，先熟后生；三是学会查漏补缺，改错纠偏。

（6）学会协作学习

学习，在今天已经不是一个人的事情了。人生有涯而知无涯，一个人的能力有限，学习也需协作。高明的学习者应该懂得向别人学习和同别人一道学习，互帮互学，共同进步。

2. 观察能力方面

良好的观察力是进行各种实践活动不可缺少的基本能力。日常生活中，良好的观察力能使学生全面、深入地理解学习内容，提高学习效率，取得优异成绩；能使教师全面把握教学的各个环节，从教育对象的细小反映中觉察到含意所在，促进教学技巧的发展；能使研究人员看准研究领域的突破口，选准课题，较快地取得成果。那究竟怎样才能提高自己的观察力呢？好奇、知识、注意力和习惯是观察力最重要的四个因素。

（1）好奇

人的好奇可分为注视性好奇和探究性好奇两种。注视性好奇所引起的直接行为是运用感官对物进行观察。探究性好奇是以求知为目标，产生的原因：一是问题激励好奇，它激励着我们利用观察去寻找问题的答案，使自己摆脱迷茫状态；二是愿望激励好奇，试图去探索一切研究对象的内在规律。为了培养和提高自己的观察力，可以从发展自己的好奇着手。而要发展好奇，则要增强自己的求知欲。

（2）知识

知识是观察的基础。知识越丰富，知识域越宽广，观察对象落入自己知识域内的可能性就越大，对事物的观察才能做到全面、深入和正确，才能迅速抓住事物的重要特征，观察力也比较敏锐。所以要使自己获得良好的观察力，就要努力掌握更多、更深的知识，不断扩展自己的知识域。

（3）注意力

注意力是观察的前提。要想培养、提高观察力，必须首先培养、提高注意力，注意力越能自我控制，观察力就越能随意组织，观察效率才能随之而提高。

（4）习惯

习惯是观察的导向。只有在良好的观察习惯的导向下，才能使自己始终不渝地遵循正确的观察规则，取得良好的观察效果，增强自身的观察能力。良好的观察习惯包括"迷、全、细、思、实、记、恒"七个方面。

"迷"就是专心致志，即入迷，观察贵在专一，紧紧盯住目标才能看准、看全、看出问题；"全"即全面，全面地观察才能获取丰富、系统的观察材料，利用这些相对完整的材料，经过思考，才能对事物做出正确的判断、评解或结论；"细"即仔细，仔细观察才能全面、正确地把握事物；"思"即思考，人们把观察称为思维的知觉，"观"与"思"相结合能加深对事物的印象，便于理解、记忆；"实"即真实，坚持实事求是地观察，才能保证观察获得的结果确实是观察对象本身所反映的真实情况，而只有得到了观察对象的真实情况，才能从真实情况中概括出正确结论；"记"即记录，做观察记录能使观察更有目的、有计划，便于对观察材料进行整理、概括、抽象，为发现观察对象的内在规律提供条件；"恒"即持之以恒、坚持下去，要达到对观察对象的全面了解，需要时间上的保证，如果观察无恒心，中途停止、退却、转向，很可能会一无所获。

3. 分析能力方面

分析能力是认识事物本质的"钥匙"。分析力是通过思维认识事物各方面特征，尤其是认识事物本质的能力。任何人要认识事物，必须首先凭借观察，但观察在认识事物中有很大的局限性。利用观察只能对事物有所了解，因为观察所获取的只是事物的表面现象，而不能了解深藏在事物内部的本质。尤其对于较复杂的事物，由于现象纷繁，错综复杂，使用观察往往使人如堕雾中，根本无法认清事物的特性和本质。这时，必须凭借分析力对其进行分析，才能拨开"迷雾"，看清本质，合理解决问题。

（1）丰富知识

知识是分析事物的基础，人的分析活动是以知识为出发点的，分析力的根基在于知识储备。为了使自己能在比较多的方面胜任分析的需要，显示自己的分析才能，就必须不断学习多种学科的知识，奠定深厚的知识基础。知识根基扎实，分析问题时就能跃居众人之上。

（2）辩证思维

所谓辩证思维，就是按辩证法进行思维，它着重从矛盾性、变动性、过程性来考察对象，从多样性、统一性去把握对象。怎样学会辩证思维的方式呢？一是通过长期的自身的实践活动。事物是辩证地发生、发展的，接触的事物多了，处理的问题多了，经过对经验教训的总结，便能使自己逐渐领悟到事物发生、发展的辩证性质，从而促使自己对事物的看法越来越接近事物本身，处理事物就会更客观、全面。二是通过对已有辩证唯物主义思想的学习。伟大的思想家鲁迅，他对于社会与人生的看法，与同时代的作家、理论家相比有其独到的精辟之处。尤其在他的后期，对事物的分析更为深刻、精湛。其原因就在于，他通过学习掌握辩证唯物主义，提高了辩证思维的修养，从而使目光变得更敏锐，对事物的观察更"入木三分"，以致一眼便能看穿问题的实质所在，这是很值得我们学习的。

（3）勤于分析

养成勤于分析的习惯，遇事就会自觉地加以思考、分析，若不对事物分析一番，反而会感到不安，唯恐忽视了某些问题会招致失败。怎样养成勤于分析的习惯呢？古人云："学贵多疑。"疑是分析的开始。从书本上学习知识时，不能满足于现成的结论，而应多问几个为什么，经常提出"为什么会发生这种现象""根据这些材料，可以得出什么结论"之类的疑问。不过，在分析问题时不是简单地摆出若干种原因就了事了，这样不利于问题的纵深分析，也不利于分析能力的培养。而应把诸原因都分析清楚，什么是主要原因，什么是次要原因，什么是一般原因，什么是个别原因。经常进行这种提问或思考，分析水平才会提高。时间长了，一旦养成习惯，就会受益匪浅。

（4）掌握方法

分析问题就是对现象材料进行加工制作，从中提炼本质的思考过程。掌握必要的分析方法对提高分析的质量，实现分析的目的，增强自身的分析能力是很重要的。分析的方法有很多，下面介绍三种最常用的分析方法。

①逼近法。对事物的最初认识仅仅是事物的表面（即现象），是很肤浅的东西。只有经过层层分析，才能向事物的核心（即本质）步步"逼近"，最后触及深层的本质，发掘出事物的规律性。这种步步深入的方法就是"逼近法"。

②剖析法。就是把复杂的事物分解为许多部分（或方面），然后分别对这些部分（或方面）加以研究、考察，从而为认识事物的本质提供方便。

③淘汰法。淘汰法是对影响现有问题的各个方面进行统计、排列，逐步排除其中无效的方面（或因素等），从中寻找到决定问题本质的主要方面，达到解决问题的目的的一种分析方法。

4. 创新能力方面

培养学生的创新能力主要有以下三个途径：一是从自身认识经验中获得；二是由有经验者给予方法指导而获得；三是从教育教学中的训练中获得。其中，以教育教学中的训练为最佳、最有效的方法。为此，创新能力的培养应体现以教育教学活动为主要途径，以训练为主要方式。

（1）引导发散思维

发散思维是一种创造性思维，各科教学中都应注重训练和培养。例如，在数学课上，我们启发学生从多方面、多维度寻找解决问题的方法（比如一题多解）；在语文课上，同一情境不同视角，尽可能多地写出好文章；在音乐课上，让学生创作乐曲或根据乐曲自编舞蹈等。提出问题本身就蕴含着创造思维的火花，只有善于发现问题和提出问题，才能在此基础上思考和寻求解决问题的方法。为此，教师要经常鼓励学生遇事多问几个为什么，大胆质疑，不唯书、不唯上。这一过程的重点是指导学生应用所获得的知识创造性地解决问题。

（2）注重标新立异

在教学过程中，鼓励学生多"标新立异"。"标新"和"立异"都是一种创新，它的关键在于"新"和"异"，这实际上就是一种创造。例如，在教学中，教师要鼓励学生发表与别人不同的见解，敢于打破"常规"，敢于在"新"和"异"上做文章。当课堂上学生意见一边倒时，教师应有意识地"设疑"，让学生充分展开讨论，开阔视野，然后由教师从正、反两个方面多角度地进行综合分析、论证，并得出正确结论。我们还可以鼓励学生多尝试一点"无中生有""异想天开"，哪怕是微不足道或幼稚可笑的，只要有利于发展创新能力，有利于现实和未来的需要，就应当受到赏识和鼓励。

（3）培养探究精神

创新能力的获得最终要通过行为表现出来。在教学中，知识的学习不再是唯一的目的，而是手段，是认识科学本质、训练思维能力、掌握学习方法的手段。在教学中强调的是"发现"知识的过程，而不是简单地获得结果，强调的是创造性解决问题的方法和形成探究的精神；为此，我们可以采用"内容不完全教学法""发展问题教学法"和"多角度教学法"。所谓"内容不完全教学法"是指教师在课堂上将所讲授的内容制造一定的空白地带，让学生自己去推测可能的结果。"发展问题教学法"是指教师在给学生解答了某一问题后并不终止解题活动，而是要求学生对所解出的问题适当加以变化和发展，并编出发展题，然后教师和学生一道共同解答发展题。"多角度教学法"是指教师在指导学生解决问题时，要尽可能地从各个不同角度来启迪引导学生，推动他们创新能力的培养。在这样的教学过程中，学生经常面对的是不知道结果的情景，是没有统一答案的问题。置身于其中的学生不再是消极地听课，而是积极的求智者。与此同时，还应大力培养和发展学生的动机、兴趣、情感、意志、毅力和性格等非智力因素，特别是重视第二课堂的开设和各种形式竞赛的开展，利用第二课堂弥补第一课堂的不足，通过个人与个人、小组与小组之间的竞赛，广泛地调动学生的参与意识，让学生各尽所能、各展所长。这样，学生的应变素质、发散思维，创新能力也就在解决问题的过程中得到了培养。

三、目标职业与个人素质

不同类型的职业对从业者有不同的要求，大学生综合素质的提高就是要在遵循这些要求的基础上，有的放矢地进行培养，只有这样大学生走上社会后才能适应不同类型的职业。本节将从社会、职业对大学生提出的诸多要求出发，阐述大学生应努力培养什么样的素质，如何培养这些素质等一系列的问题。

（一）目标职业对个人素质的要求

大学生在进行职业选择的过程中，首先要认清未来社会对所需人才素质的基本要求，然后针对这些要求不断地提高自己各方面的素质。只有这样才能在激烈的竞争中立于不败之地，取得成功。

1. 大学生的素质及其核心

关于人的素质，社会各界有各种各样的观点和看法。综合各种观点，人的素质不外乎由道德素质、业务素质、文化素质和身体心理素质等方面组成。一个高素质的大学生应该能够充分适应当前社会的迅速变化，有能力迎接职业工作中的各种挑战，能与周围环境和谐相处，其行为后果有利于整个社会的文明进步。

（1）世界各国重视大学生素质培养

美国从 20 世纪 80 年代开始就实施以培养能力为中心的教育改革。这个能力不仅仅限于动手能力，也包括思维能力、观察能力和批判能力等。1994年10月《美国教育文摘》的文章认为，学校不应该只教授课程，还应该教会学生如何适应高速变化的社会。

日本强调要重视民族的素质教育，提出要发展在复杂技术社会里承担重任所必需的想象力和批判思维能力。1978年，日本明确提出教育要面向世界、面向新世纪，培养学生宽广的胸怀、健康的体魄、丰富的创造力。1995年，日本又提出教育要国际化、社会化、个性化。

进入20世纪90年代，各国的高等教育都越来越重视培养具备综合素质、适应社会发展的大学生。教育的目的在于学会如何学习。从过去培养掌握什么样技术能力的人才转变为培养具有什么样学习能力的人才，以适应社会的快速变化。

我国高等教育对大学生素质问题的关注源于20世纪80年代，许多高等院校开始重视提高包括文化素养和科学素养等在内的整体素养，提出要进行"适才教育""文理渗透"等教育改革。

随着素质教育在基础教育领域受到极大的重视和强调，大学生的素质教育问题已经引起了人们更多的关注。大学生的素质培养主要是针对高等教育过分专业化和实用化而忽视通识教育，过分注重科学教育而忽视人文教育等不良倾向，试图通过"科学教育和人文教育的整合""引文入理、引理入文、文理渗透""拓宽专业口径、加强基础教育"，提倡"学会做人、学会合作"等，来改变高等院校的人才培养模式，提高大学生的全面素质，特别是人文素质。1999年颁布的《中共中央、国务院关于深化教育改革全面推进素质教育的决定》除了从一般意义上提出"实施素质教育应当贯通于幼儿教育、中小学教育、职业教育、成人教育、高等教育等各级各类教育"外，特别强调："高等教育要重视培养大学生的创新能力、实践能力和创业精神，普遍提高大学生的人文素养和科学素质。"它所着眼的不仅是学生现时的或将来一个时期的需要，而是学生终身受用的素质养成；不仅是学生今后的谋生素质，而正是学生全面素质的养成，特别是人文素质的养成，这已超出了成功意义上的价值追求；从对象上它所着眼的不仅是少数学生的成功，而是全体学生的成才，显然这更能体现教育的人文本质。

（2）创新是大学生素质的核心

创新绝非是一种智力特征，更是一种性格素质、一种精神状态、一种综合素质。一个人成才有智力因素和非智力因素。非智力因素往往起主导作用。美国哈佛大学提出情商教育观念，是对传统教育模式的巨大冲击。哈佛大学的研究表明，人生成就至多只有20%归于智商，80%则受其他因素影响，如意志力、自信心、控制情绪、人际关系、团队精神、自我激励、思考方法等。一个人的素质像一座冰山，露出水面的学历和专业知识只是容易被人看到的一小部分，而真正决定一个人能否成功的是责任感、价值观、毅力、协作能力等。

1999年，世界经合组织针对21世纪人才素质调查了数十位著名跨国公司总裁，他们特别强调的素质是责任心、主动性、创造性、灵活性。心理学研究表明，人的创造性的发展程度与他的整个人格发展，比如他所持的世界观、人生哲学、生活方式、伦理准则、思维模式是高度相关的，是其素质的综合体现。如富有创造性的人总是把世界上的一切事物看作是一种流动、一种运动、一种过程，而并不是静止不变，他们不会执守过去，而总是展望未来；他们不是用过去规定今天，而是善于用未来规划今天；他们总是不满足已经做过的，而是努力开拓未知；他们满怀信心地面对明天，相信自己能使明天变得更好。江泽民同志 1995 年在全国科学技术大会上指出："创新是一个民族进步的灵魂，是一个国家兴旺发达的不竭动力。"同样地，创新是大学生全面素质的综合体现，是大学生素质的核心。

2. 目标职业对大学生素质的基本要求

（1）自信自立——成功的保证

古希腊的哲人说过，天底下没有两片相同的树叶。由此可以推理，天底下更没有两个完全相同的人，每个人都是独一无二的，我们没有理由相信那种所谓最理想的"标准人"。最重要的是每个人要认识到自己作为一个独立而特殊个体的存在，相信自己，尊重自己。只有这样，人才会积极进取，不怕困难，才有可能取得成功。培养的学生有自信心和自立性是其将来成功的基础。

坚定不移的信心能移山。美国现代心理学之父威廉·唐姆斯声称："我们坚定不移的信心，常常是取得胜利的唯一法宝。"也就是说，人的信心作为一种愿望和自我确证，能产生超越自我的力量。在面对日益激烈的人才竞争时，高职毕业生就应该抛弃自卑心理，树立自信意识。在求职遇到挫折困境时，要相信自己的能力，不被暂时困难所吓倒，避免从众心理，克服依赖心理。要相信未来是美好的、前途是光明的，对自己抱有合理而坚定的信心，定能达到理想的彼岸，找到自己满意的工作。

有位企业家参加招聘员工的预备会，在分析人才综合素质时，意味深长地写下了一串数字：1000000。他用"1"，表示健康的身心，6个"0"从左至右依次代表品行和敬业精神、阅历、情商、智商、学识和专业技能。这一串数字为素质的整体，每一个数字都是整体素质中不可分割的一部分。没有"1"，所有的"0"均失去意义和作用；6个"0"中少了任何一个，其他"0"的作用就会大打折扣。代表健康的身心的"1"排在首位，充分说明了其重要地位，说明企业将健康的身心作为从事职业的最重要的条件。

（2）有强烈的工作事业心和高度的职业责任感

责任感是指能够敬业爱岗、精益求精、忠于职守，自觉主动地承担本职位对社会和企业的责任及义务。当毕业生走上自己从事的工作岗位，就要以高度的责任心对待本职工作，对上司指派的工作任务不拖拉、不敷衍，时刻牢记在心，负责到底，在与其他有关人员取得良好沟通的基础上，及时、有效、出色、负责地完成工作，以赢得领导的首肯；平时也需要重视工作责任感的培养，在各种场合表现出强烈的责任感；另外，当工作出现差错或失误时，勇于承担责任，努力改正，不逃避责任和辩解。

一个人对职业的强烈事业心和高度的责任感，还表现为在职业活动中精益求精的工作态度。只有对工作精益求精，才能不断增长才干，取得好的工作成绩；相反，对工作粗枝大叶，可能导致失败。

无论从事何种职业，做何种工作，这种对工作精益求精的认真态度都不能少。一位建筑师粗枝大叶会导致大厦倾倒，一位工程师粗枝大叶会使其设计的产品有极大的缺陷，一位医生粗枝大叶有可能给病人带来痛苦或生命危险。精益求精的工作作风是在平时一点一滴逐渐养成的，特别是在生产实习和毕业实习的工作现场来培养，要养成自己对自己挑毛病的习惯，无论做什么工作都尽最大的努力做得好上加好。

总之，一个人若养成了对工作认真负责的习惯，就会一辈子从中受益。具有对工作认真负责的良好习惯，也许不能立即为你带来可观的好处，但可以肯定的是，如果你养成了一种不良习惯，散漫、马虎、不负责任的做事态度，做任何事都不会成功！长此以往，就会蹉跎一生。

（3）诚信是大学生成就事业的立身之本

诚信即诚实守信，就是言行与思想一致，不伪装，不虚假，说话、办事实事求是，讲信用。诚实是守信的基础，守信是诚实的外在表现。只有内心诚实，做事才能讲信用，有信誉。诚实守信是做人的美德。"言必行，行必果"一直是中华民族所推崇的优秀品质。对于在校大学生来说，诚实守信应当是做人最起码、最基本的品质。

然而，在校园里，还存在着一些学风不正的现象，有的学生抄袭论文、作业，盗用他人作品，侵犯他人著作权，拼凑实验报告和数据，考试作弊等；在实习、求职、就业过程中，诚信缺失的事情也时有发生，大学生归还贷款率低也是近两年来社会关注的一个问题。所以，缺乏诚信是某些大学生的致命伤。这样的学生要么是营养不良，要么是底气不足，总之是"跛脚"的。

"诚信"是处理个人与社会、个人与个人之间相互关系的基础道德规范，是发展社会主义市场经济的基本行为规范，是社会主义事业的建设者和接班人的基本素质要求。在建立和发展社会主义市场经济的今天，在我们的社会生活中，各种利益关系日趋复杂，每个人每天都要与他人、与集体交往，根据与他人、与集体达成的协议来安排自己的活动。如果人人都不诚实、不守信，那么人和人之间的一切交往就无法进行，一切活动就无法开展，整个社会就会陷入无序、混乱之中。在全社会大力开展诚信教育，提倡诚信伦理，增强诚信意识，形成诚信风尚，对我国社会主义市场经济乃至整个社会的健康、有序发展具有极其深远的影响。大学生应当牢固树立诚实正直、实事求是、"言而有信，无信不立"的观念，自觉抵制"老实人吃亏""不说谎话办不成大事"等错误思想的影响。自觉养成表里如一，言行一致；不欺人，不自欺；与人交往讲信用，不失信于人；行动要守时、守约、开会、办事、参加各项活动、赴约、做客不迟到等良好的行为习惯，这是做人的需要，是自我发展的需要，也是市场经济的需要。

建立和完善社会主义市场经济体制，要求全社会各个单元都要坚持以诚为本，以诚立信。党和国家强调坚持依法治国与以德治国并重，具体落实到高等学校就是要坚持依法办学与以德治校并举。适应时代发展的需要，建立规范、科学、操作性强的大学生诚信度评价体系已势在必行。在具体工作中，我们一要进一步加强诚信教育，促使每一位大学生都自觉养成诚实守信的品质。继续在大学生中实施以教育、引导为主，以管理、规范为辅的诚信教育培养模式，加强管理，严格要求，及时制止学生中发生的不诚实、没信誉、不道德的行为。二要积极开展诚信建设的多种实践活动，不断强化学生的诚信素质。逐步建立个人发展综合考评制度，把学生的诚实、信用等资质作为其中的重要指标。三要逐步建立信用档案，大力提倡"珍惜信誉如同珍惜生命"的教育管理理念，尝试一种新的诚信教育方式。

"信者，行之基"。诚信是大学生成就事业的立身之本，也是造福社会的基本前提，同学们在校期间如果打下良好的诚信根基，更有望成为社会发展和进步的合格人才。

（4）企业要求大学生积极主动地开展工作

作为企业员工，需要对本职位现状有一个清醒的认识，能够保持高昂的创新意识和热情，根据具体工作安排的变化，利用并创造条件主动地改善现状，力求工作更好更快地完成；工作上遇到挫折能积极查找问题根源，确认目标正确后能采取有效措施坚持进行到底；注意培养忧患意识，能自觉地根据需要不断改善工作方法；对一些无法明确地划分到个人的工作，能够从维护公司利益的角度出发，在职权范围内积极主动去处理，如积极主动地完成上级主管临时交办的有关事宜。

（5）社会要求大学生具有良好的心理素质

心理素质属于人的自然属性，对于人的思想道德、智力开发、身体发育都是一种基础性因素，都是一种物质基础。当代人最欠缺的是心理素质，具体表现是：自高不能得志，自卑不能自拔；缺乏艰苦奋斗的精神和承受挫折的能力；缺乏适应能力和自立能力；缺乏竞争意识和危机意识；缺乏自信心和社会责任感；因自我否定和自我拒绝而失去生活愿望和信心；因考试失败或恋爱受挫出现轻生和自毁的行为；因现实不理想而玩世不恭或行为放荡。据调查，20%的在校大学生患有不同程度的心理疾患。因此，要加强心理咨询机构的建设，普及心理健康知识，加强心理健康教育，帮助大学生健全人格，提高心理健康水平，增强抵御挫折的能力。

（6）社会要求大学生具有良好的思想道德素质

思想道德素质是一个人素质中最根本的部分，是人的综合素质的灵魂，也是专业素质的基础。思想道德素质不仅决定一个人的政治方向和行为方式，而且与科学文化、身心、创造、审美等素质密切联系，对它们起着主导作用。这一点是社会广泛认同的，也是用人单位挑选和考查毕业生的首要条件。有的大学毕业生为了更好地包装自己不惜采用欺骗的方式，但这种行为却违背了诚实、诚信的为人原则。诚信的原则就如同做人的一道防线，防线一旦崩溃、那就一发不可收拾了。勤于敬业、忠于职守，是现代化企业对一个员工的起码要求，这种人的所作所为被要求严格、目标远大的企业淘汰是理所应当的。

（7）社会要求大学生具有浓厚的职业兴趣和高超的职业技能

兴趣是一个人力求认识、掌握某种事物，并经常参与该种活动的心理倾向。当其对象指向某职业时，就形成了职业兴趣。职业兴趣在职业活动中起着重要的作用。首先，兴趣可影响人们的职业定向和职业选择。其次，兴趣还可以开发人的能力，激发人们探索和创造。另外，兴趣可以增强人的职业适应性，使人善于应付多变的环境。一个人没有职业兴趣，就无法发挥其潜能，无法满足职业的要求。

大学生不仅要有浓厚的职业兴趣，还必须掌握高超的职业技能，否则也无法胜任职业。职业技能主要体现在两个方面：一方面是指必须具备从事职业的基本技能，如基本的计算机操作能力、文字表达能力、语言表达能力等；另一方面是指必须具备从事职业的特殊技能，比如医生必须具备高超的医术，建筑设计师必须具备审美、工程方面的知识技能等。

（二）当代大学生个人素质的特征

素质是人生来具有的，具有相对的稳定性。它是人类世代遗传的产物，也是人的心理发展的生理条件。素质对人的能力的形成、发展起着重要的作用，为人的事业成功提供了可能性。从教育学上讲，素质是指人通过后天的社会实践和学习获得的内在生理和心理品质特点。广义的素质包括一个人的思想道德修养、文化科学知识、身心健康状况、审美观点和劳动技能水平等诸方面的内容。它是通过素质教育和社会实践活动，以及环境的长期作用和影响而沉淀在人们身上的内在生理、心理和文化品质特征，是人身上各种素质的综合体现。不同的社会和时代需要人具有不同的素质，也就需要为培养这种素质的人的教育，因为不同社会和时代的教育能够培养不同素质的人才。人类除了肩负着社会发展、物质与精神文明建设的任务外，还肩负着发展人类自身的任务。对于一个国家来说，只有培养教育出一代又一代高质量、高素质的人才，社会才能进步，国家才能繁荣昌盛。当前，人类社会已经跨入 21 世纪，知识经济的时代正在全面向我们走来，科技进步日新月异，经济全球化的趋势在不断发展，国际之间综合国力的竞争更加激烈，而综合国力的竞争归根到底是人才的竞争，是教育的竞争。当代大学生应具备以下个人素质特征：

1. 具有务实精神和求实秉性

大学阶段，是一个人的生理和心理都迅速发展的阶段。首先，学校认真研究当代大学生的生理和心理特征，改变传统的德育观念，切实改进工作方法，创新工作思路，通过做耐心细致的思想工作，培养了学生的务实精神。其次是引导学生参加各种活动，寓教育于活动之中，通过活动来培养学生的务实精神。再次是教师以身作则，在工作中做学生的表率，通过其自身的工作态度和作风将直接影响到学生务实精神的培养。因此，通过各种有效途径的实现，实实在在地培养了学生的务实精神和求实秉性，塑造了学生完整的人格。

2. 具有强烈的竞争意识、拼搏精神和开拓能力

美国学者柯林·博尔在向世界经合组织提交的一份报告中指出：未来的人应该具备三本护照，第一本是学术性的，第二本是职业性的，第三本是证明自己具有强烈事业心和进取开拓能力的护照。当前，在我国大学生群体中，独生子女越来越多，不少学生心理素质

较差，出现了脆弱、忧郁、焦虑、孤傲、自满等心理障碍。当然，大学生群体所暴露出来的这些心理障碍很多是学生个体所处的家庭环境及从小学到中学所受的教育过程中积累潜伏下来的。例如，独生子女在家庭中受到溺爱保护过多，缺乏独立生活和自我调节的能力；部分中学教育重成绩，轻能力，重应试教育，轻素质教育，缺乏对学生完善人格的培养等。大学生的这些心理现象，与现实社会的外部环境产生了不统一、不协调的倾向。因此，学校通过加强学生的心理指导，随时注意引导他们克服心理障碍，培养了学生自立自强的信心；培养了学生承受挫折、战胜困难的顽强意志；培养了学生敢于迎接挑战的勇气；同时，随时注意给学生创设竞争的环境，形成竞争的氛围，从而逐渐树立学生的竞争意识，让他们在竞争中去拼搏，在拼搏中去开拓创新。

3. 具有未来意识和善于学习、创造的能力

新世纪是经济快速发展和社会急剧变革的社会，飞速的发展和急剧的变革使在缓慢变化的社会中待惯了的人们感受到巨大的冲击，感到很不习惯，很不适应。首先，大学生从各个不同的地区来到学校，其生活习惯、地区风情千差万别，大家聚集在一起，他们将会适应新的环境，适应新的大学学习生活节奏；其次，为了使自己能够适应未来发展的需要，他们会逐步培养自己的未来意识，树立未来观念，养成预想未来的习惯，学会预测、预见、设计和构想未来的本领。再次，学生能够充分利用图书资料、计算机和数据库等多种信息媒体，准确、及时地寻找到所需的信息和知识，并在此基础上进行新知识、新技术的创造。

4. 能强化全球意识和具备国际交往能力

当今是网络时代，处在这样一个时代，我们不仅要积极引进外国的资金、智力和技术，而且要积极创造自己的名牌产品，打入国际市场，积极参与国际竞争；还要积极向国外输出资本、技术和人才，在全球范围内搜集信息，配置资源，进行国际化的生产和销售。当代大学生是未来建设的主力军，在大学学习过程中，通过丰富知识和资讯的获得，使他们能熟悉世界各种事务，并能运用所掌握的能力参与全球交往、竞争和合作。

5. 具备合作意识和协调能力

当今社会是高度综合和统一的时代，当代技术的发展也正在呈现高度综合的趋势。在这样一个时代，任何一项工作和成果都需要人才的通力合作。为了适应这种社会需要，许多大学，特别是专业性学院为满足学生自我发展的需要和社会对综合性人才的需求，有针对性地对学生进行培养，使之具备合作意识和协调能力。

（三）制订提高个人素质的实施计划

个人素质在职业成长过程中起到推波助澜的作用，大学生应制订切实可行的计划来提高自身的个人素质，主要通过文化基础课、日常管理及课余文化活动等，有计划、有步骤地实施，以提高自身素质。通过文化基础课、团队活动及讲座等方式，使学生树立正确的人生观、价值观，逐步提高思想道德素质；通过日常管理，遴选、培养学生干部，让他们

以自己的品行树立威信，成为同学们参照学习的榜样，带动大家整体素质的提高；有针对性地组织有兴趣、有特长的同学，参加讲演、歌咏等文体比赛活动，展示特长、培养自信，逐渐提高素质和能力。

在个人素质培养上，学校一方面要开展丰富多彩的课外活动，为拓展学生素质提供训练环境，并且注重学生特长的培养，不要压抑学生的个性发展；另一方面，学生也应积极参与到活动中去，不断地提高和拓展自身的个人素质。在大学学习的三年中应注重以下三个阶段，切实来提高个人素质：

大一阶段，学生要重点加强对自身适应能力的培养，让自身尽快适应环境，正确处理所面临的各种关系，客观理性地评价自我。

大二阶段，加强对自身综合素质的培养和锻炼，正确树立全面发展的成才目标，提升职业基础知识和职业技能，积极参加社会实践，增强各类职业技能。

大三阶段，加强对求职、就业法律知识、就业政策等方面的学习，努力培养自身的人际沟通能力，通过就业过程的各个环节的技巧指导和训练，最终能成功求职。此外，学校还要设立就业指导机构，及时了解社会上的用人信息，与用人单位建立联系，建立稳定的就业基地和创业基地。

四、大学期间的学业规划

大学生通过在校几年的学业学习，积累了一定的知识，但其知识结构是否合理，能否真正为其就业过程增加砝码，要通过就业以后的实践工作才能得到检验。

（一）构建合理的知识结构

知识结构，是指一个人经过专门学习培训后所具有的知识体系的构成情况。合理的知识结构是担任现代社会职业岗位的必要条件，是人才成长的基础。

一个人的文化知识素质如何，将决定他求职择业时的自由度和取得职业岗位的层次。大学生应自觉地把自身素质的提高同求职择业乃至将来的职业生活紧密联系在一起，努力做好知识技能方面的准备。当今世界，各种知识浩如烟海，各门学科交叉渗透，科学技术的发展突飞猛进，一个人要想百事皆通，掌握各方面的知识，是不可能的，也不是现代职业岗位所需求的。现代职业所欢迎的是这样的求职者：他们拥有一定的知识，并根据社会的发展和所选职业的具体要求，将自己的知识科学地组合以形成合理的结构。大学生应该认识到知识结构在选择职业和就业中的重要作用，根据社会的需要塑造自己，既要注意用丰富的知识来充实自己，又要注意建立合理的知识结构。

求职者应具有的合理的知识结构，不存在一个固定的、普遍适用的模式。目前，学术界提出的比较有代表性的知识结构模式有三种。

1. 宝塔型知识结构

宝塔型知识结构是把基础理论知识形象地比喻为宝塔的底部，然后从下到上依次由专业基础知识、专业知识、学科前沿知识构成。宝塔顶部是主攻或从事的职业目标。这种知识结构模式强调基础理论的宽厚扎实和专业知识的精深，容易把所具备的知识集中于主攻目标上，有利于迅速接近学科前沿和从事纯理论及应用科学的研究工作。

2. 网络型知识结构

网络型知识结构是以所学的专业知识为中心点，把其他与该专业接近的、有着较大相互作用的知识作为网络的各个接点，相互联结而形成适应性强、能够在较大空间发挥作用的知识结构。这种知识结构能使专业知识处于网络的中心，并侧重与专业相关联的系统知识的辅助作用，在运用知识时还能充分发挥整体知识的协调作用。该种知识结构是知识广宽和深度的统一。随着社会大生产的高速发展，无论中国或世界，目前最迫切需要的就是这种知识结构的求职者。具有这种知识结构的求职者，在就业中就能以自身知识结构的弹性和应变能力，受到就业市场的青睐。

3. 帷幕型知识结构

帷幕型知识结构是指一个具体的社会组织对其组织成员在知识结构上有一个总体的要求，而作为该组织的个体成员，将依其在组织中所处的层次，在知识结构上又存在着一些差异。以一个企业为例，企业对其成员的整体知识结构要求具备财政、会计、安全、商业、保险、管理等知识和具体技术，而对企业中处于不同层次的个体来说，要求掌握的上述知识的比例是截然不同的，从而组成各自不同的知识结构。这种知识结构强调个体知识结构与组织整体知识结构的有机结合。它对于求职者的启迪是告诉他们在寻找职业的过程中，不但要注意所选职业类型在整体上对求职者知识结构的要求，同时还要了解所选职业岗位在其所在社会组织中的位置及具体层次，以此来调整自己的知识结构，增强就业后的适应性。

从上述介绍看出，合理的知识结构虽然没有绝对统一的模式，但都有普遍的、共同的特征：一是有序性。作为合理的知识结构，一般说来必然有从低到高、从核心到外围几个不同的层次。同时，让一切相关的知识在整个结构中占有相应的位置，由此构成合理的知识结构。否则，知识结构杂乱无章、主次不分，很容易造成胡子眉毛一把抓，样样通、样样松，没有自己的专长，发挥不了知识的整体作用，很难在择业和从业生涯中形成自己的优势，更谈不上成功。二是整体性。现代科学发展趋势显示出知识结构整体性和综合性的特征。它要求无论知识结构中各个组成部分多么复杂，其构成不应是各个部分的简单堆积，而应是多个部分相互联系、相互作用的有机统一体，从而能够在整体上发挥出最优化的功能。现代科学高度分化又高度综合的发展趋势，使合理知识结构的整体统一性特征越来越明显。三是可调性。人们的知识结构应是动态的、可变的，能够根据需要经常进行定向调整，以保持最佳状态。实践证明，合理的知识结构本身应该具有一种转换能力，它能够根据变化了的客观世界和实际需要,从一个目标转向另一个目标而不断地对自身进行充实和调整。

(二)大学生应具备的知识结构及学业规划

1. 大学生应具备的知识结构

（1）坚实的基础知识

基础知识是知识大树之躯干,是知识结构的根基。求职者无论选择何种职业,也不管要向哪个专业方向发展,都少不了有关基础知识,就像万丈高楼平地起,全靠基础来支撑。特别是随着科技和经济的高速发展,社会的产业、行业、职业结构调整的速度必然加快,大学毕业生在择业、就业上已不可能再是从一而终,职业岗位随时变动的状况不可避免。要适应这种变化,必须依靠扎实宽厚的基础知识。

（2）扎实的专业知识

求职者专业知识是知识结构的核心特色所在。大学生对自己所要从事专业的知识和技术要求具有一定的深度,一定的范围。在择业中,应对自己所学的专业有一个全面的认识,包括该专业的发展前景及其在社会生活中的地位和作用。其中,最关键的是掌握本专业的基本概念、理论体系、研究方法,并对该专业邻近领域的知识有所了解,能够相互贯通、联系实际。

（3）不断调整和完善的知识结构

一个人的知识结构并不是一成不变的,随着形势的发展,知识也需要不断地补充和更新。为使知识结构处于最佳状态,应根据需要及时进行调整,围绕选定目标不断积累并更新自己的知识,完善自己的知识结构。大量事实证明,一个人在学生阶段所获取的知识仅仅是一生中所需要知识的很少部分,大部分知识都要靠日后在工作中根据需要自学而获得,不断补充、更新知识,以保证最佳的知识结构。

（4）熟练的知识技能

高新技术产业化和社会生产、服务手段的高新技术化,导致社会劳动分工进一步细化,因此也使生产、服务领域的工作内涵发生了质的变化,使统一的以体能为主的操作逐渐被以现代化的智能操作所取代。这种因技术进步而引起的职业世界的变化反映到职业技术教育领域,必然带来职业技术教育的多层次、高移动化发展趋势。现代各类职业都要求求职者的知识"程度高、内容新、实用强"。"程度高"指知识量大、面宽;"内容新"指求职者的知识结构中应以反映当今科学技术发展状况的新知识、新信息为主;"实用强"指求职者的知识在生产、工作中有很强的实用价值。反映上述要求的一个明显例子是,目前用人单位普遍要求毕业生能熟练地运用一门外语和计算机应用技术。

高等职业技术教育非常重视实践教学环节,重视培养学生的动手能力。现代职业往往要求毕业生能拿到双证书（学历证书和职业资格证书）,毕业即能上岗。随着国家职业资格证书制度的推行,用人单位会更加严格贯彻执行。这是经济社会发展的必然,也是合理开发和配置我国劳动力资源的重要举措，大学生必须适应发展趋势，早做准备，争取在毕业的同时，取得职业资格证书。

2. 大学生学业规划

根据上述大学生应具备的知识结构，我们可能清楚地看到，学校在开设专业时设置的课程体系是充分考虑当代社会对大学人才的要求的，在校的大学生必须认真学习每一门功课，只有这样才能建立起合理的知识结构，为毕业择业奠定基础。

学校已构建好某一个专业合理的课程体系，有力地保障了高校该专业毕业生就业能力。大学生应根据在校学习的时间主要把握好以下四类课程的学习，这样有利于就业能力的扎实提高。

（1）专业类课程学习

主要包括基础课程、专业基础课程、专业课程等，专业课程是具有直接性、职业性、功利性的课程。首先，专业课程应指向培养学生合理的专业知识结构，培养实用型专业人才，体现实用主义的价值。在实际操作中要把某一学科专业的某一组课程群的实用课程加重，如在国际贸易专业中，贸易实务、商贸谈判技巧、进出口业务之类的课程应该加强，而像区域经济理论、区域贸易理论这样的课程就应该少一些。再如心理学课程群中，心理咨询、管理心理学、社会心理学等应用型的课程应该加强，而像心理学基础、心理学文化史等课程就应该相对少一些。其次，专业课程应摆脱传统学科知识体系的影响，重视实践性专业课程建设，让专业知识与学科知识结合起来，增强知识的立体感。地方高校应从培养应用型人才出发，认真构建立体的课程体系，从根本上实现"宽口径，厚基础"要求，实现真正实用的专业人才培养目标。

（2）通识课程

学术性课程、传统文化课程、方法类课程及外语和计算机课程等都是实施通识教育的显性课程，同时一些隐性课程也需要纳入到通识教育课程中来，诸如大学语文及物质与制度层面的学校建筑、校园环境、学生间的交往、师生间的关系、校风、办学方针、教学观念和教学指导思想等，这些方面对学生进入社会后的发展将会产生长期影响。

（3）特色课程

这类课程主要是一些本校课程及地方性课程，根据地方高等院校自身的专业优势而进行设置的，特色课程瞄准了地方经济与文化。开设职业性、技术性、技能性的文化课程，不仅可以对专业教育起到补充作用，也可以很好地起到通识教育的作用，是专业教育与通识教育的一个良好结合点。

（4）创业和创新课程

学校开设创业教育和创新教育课程，为大学生提供必要的实习机会和参与社会实践的时间。不仅要让毕业生提高其本身的就业能力，还要提高其本身的创业能力。

第二节　求职过程

一、搜集就业信息

中共十八大提出要"推动实现更高质量的就业"，并将就业充分作为全面建成小康社会的重要目标，进一步明确促进就业的基本方针和政策措施。这些基本方针和政策措施包括：①要贯彻劳动者自主就业、市场调节就业、政府促进就业和鼓励创业的方针，第一次将鼓励创业纳入就业方针，并要求引导就业者转变就业观念，鼓励多渠道多形式就业，促进创业带动就业。②要实施就业优先战略和更加积极的就业政策，第一次将促进就业提升到新的战略高度。③加强对重点群体就业的扶持，主要是做好以高校毕业生为重点的青年就业工作和农村转移劳动力、城镇困难人员、退役军人就业工作。④加强职业技能培训，提升劳动者就业创业能力。⑤健全人力资源市场和就业服务体系。⑥全面发挥失业保险对促进就业的作用。

所谓就业信息，即为满足就业者需求，为就业者提供用人单位所需岗位信息的系统的数据。就业信息的搜集，即为获取就业信息而组织的有系统地挖掘人才市场相关信息的过程。就就业信息的搜集而言，首先要把握以下三个方面，同时要对广泛搜集来的信息进行归纳整理、分析和判断，择优而行。

（1）搜集方向

一个刚进入人才市场的大学毕业生，首先要选择专业相符、有发展前景、适合自己特点、有发挥作用空间的就业信息。

（2）搜集方法

一是咨询能提供准确信息的职能部门，如学校的就业指导机构——就业办公室、各级劳动人事部门、合法的人才服务机构和职业介绍所，了解就业的最新动向和它们提供的就业信息；二是借助媒体刊载求职信息，同时要经常关注电视、广播、报纸、杂志、网络，可以了解招聘单位的应聘条件、单位现状及人才需求等情况；三是发挥家庭作用针对性强，请父母、亲人及他们的同事、朋友协助，有针对性地扩大搜集信息覆盖面；四是寻求师生帮助可信度高，与老师、同学，以及已经参加工作的师哥、学姐保持必要的联系，请他们随时为自己提供就业信息。

（3）分析判断

把通过各种渠道搜集来的信息按地区、按性质进行分类，再按自己的择业标准进行等级分类，把那些自己感兴趣的单位列为第一等级，作为求职择业的重要选择方向，同时要能区别真、假就业信息。

真、假就业信息的区别可以通过多重信息的重叠查询与比较、电话咨询及实地调查等方式加以鉴别。

（一）收集就业信息的原则

一个优秀的毕业生，除了要选择合适的就业信息渠道外，还应该有针对性收集对自己有用的、切合实际的就业信息，而不是不加考虑地收集任意资料。一般而言，要收集到适合自己的、高质量的就业信息，必须把握以下四个原则：

1. 准确性、真实性

这是信息的生命。近年来，社会上出现了各种各样以赢利为目的的中介机构，用一些过时的或虚假的信息吸引学生，毕业生为此徒劳奔波。对此，应当加以警惕。我们在收集就业信息时，要对收集的信息进行分类，并利用交叉的信息加以辨别，同时还可以利用电话、网络和已知合法的机构加以调查及核实。

2. 实用性、针对性

毕业生要选择适合自己的就业渠道，首先要对自己有一个充分的认识，然后根据自己的专业特点、个人特长、专业技能、性格等方面的因素收集适合自己的就业信息，避免范围过大，导致就业的盲目性。

3. 系统性、连续性

应届毕业生要选择适合自己的就业信息，不只是收集信息，还要根据个人特点将各种适合自己的相关信息积累起来，然后进行加工、整理，形成一种既能客观地、系统地反映当前就业市场、就业政策、就业动向的就业信息，又能挖掘出可发挥自身能力的针对性强的就业岗位，为自己的择业提供可靠的依据。

4. 计划性、条理性

一要明确收集信息的目的；二要明确自己所需就业信息的范围，做到有的放矢。因此，在收集就业信息前期，必须根据当前就业形势列出相应的就业计划，才能收集到有针对性的岗位信息。

收集就业信息的原则是当代大学生收集就业信息的指导思想。面对中国经济飞速发展的现在，要能找到适合自身的就业岗位，除以上四条原则外还要遵循以下四个结合：

1. 信息的广泛与重点相结合

当今社会科学技术迅猛发展，边缘学科、交叉学科不断出现，知识的渗透性更加明显。社会行业也由过去的专项性向综合性发展。所以在收集信息时不要仅仅局限于专业对口单位，对非对口单位的需求信息也要注意收集。但在广泛收集的基础上，要确保重点，要全面了解专业对口单位的需求，因为这样的单位对相应人才的需求量大。

2. 专业的纵向与横向相结合

根据市场经济的发展，要求地域之间加快人、财、物的流动和流通，取长补短，相互促进，形成合理完善的人才机制。各地区的人才流动是推动各地经济发展与平衡的催化剂。所以在收集人才信息时，一方面要集中收集本省、地（市）的人才需求信息，另一方面也要注意收集相邻省份与地区的人才岗位及相对发达地区的岗位信息。

3. 专业人才的动态与静态相结合

一方面，社会各行业对人才的需求具有相对的连续性和稳定性，需要我们及时、准确地获取当年的需求信息（静态）；另一方面，各行业又是在竞争中求生存，随着经济的发展、市场的调节而变化，因此，必须同时了解、掌握、预测社会各行业在一个时期内对各类人才需求的动态信息，增强就业指导的预见性和主动性。

4. 岗位特点与毕业生条件相结合

社会上各就业岗位对人才的需求，既有数量的限制，又有质量的要求，当前则更注重质量。在收集就业信息时，尤其要注意各单位对毕业生的具体要求是什么，各毕业生要充分收集就业岗位的要求，并结合自身的条件有选择性地进行投档，不要盲目地选择不适合自己的岗位，避免就业后的再就业。当然，社会上急需德才兼备的人才这一准则是不变的，因此，毕业生求职成功的关键在于自身建设。

改革开放的今天，对大学生提出了新的、更高的要求，从政治素质、知识、实际工作能力，乃至身体状况，都要适应时代的发展，需要毕业生不仅要有远大的理想，还要有丰富的专业知识，较强的竞争意识，勇于开拓和脚踏实地的苦干精神。

（二）收集就业信息的方法

刚毕业的大学生不同于再就业人才，因为是刚走向社会，没有任何经历和经验，也没有任何教训，因此在收集就业信息时就没有任何可比较的因素，只能靠教科书和学校老师的提醒来鉴别这些信息的真伪，而且获得一定数量的与自己择业方向和范围有关的人才需求信息，是正确地进行职业选择的必要前提。因此，任何大学毕业生首先是要能利用各种方法搜集大量的就业信息，可以根据自己的时间和条件采用相应的方式搜集有关就业信息。搜集信息的方法大致有全方位搜集法、定向搜集法和定点搜集法。

1. 全方位搜集法

全方位搜集法就是把与你所学专业有关联的就业信息不分地区、不分职业、不分类型地全部收集起来，再按一定的标准进行整理和筛选，以备使用。这种方法的优点是：获取的就业信息量大、职业类型广泛，能提供远、近不同的地区选择和岗位不同的职业选择，选择的余地大，特别是多人共同使用信息，比较方便地进行选择和比较，也比较容易鉴别就业信息的真假。但这种方法的缺点是比较浪费时间和精力。

2. 定向搜集法

定向搜集法就是根据自己选定的职业方向和求职的行业范围来搜集相关的信息。这种方法以个人的专业方向、能力倾向和兴趣特长为依据，便于找到更适合自己特点、更能发挥作用的职业和单位。这种方法的优点是：获取的信息往往是最接近自己专业需求的岗位信息，而且不需要花很多时间去选择自己的职业类型，没有多余的职业选择。需要注意的是，当你选定的职业方向和求职范围过于狭窄时，有可能大大缩小你的选择余地，特别是你所选定的职业范围是竞争激烈的"热门"工作时，很可能给你下一步的择业带来较大困难。因此，对当代比较热门的专业，职业范围可以适当放大一些。

3. 定点搜集法

定点搜集法是根据就业个体对某一个或某几个特定的地区来搜集信息。自改革开放以来，中国经济飞速发展，而在特定地区的经济发展速度往往领先于内地周边地区。作为刚毕业的大学生，往往比较向往特定经济开发区的工作岗位，而对职业方向和行业范围较少关注及选择，这是一种重地区、轻专业方向的信息收集法。这种收集信息和选择职业方法的优点是：行业和职业相对比较集中，也容易进行对比，职业选择比较容易，而且信息相对比较集中，往往有相对连续的人才信息集。但缺点是由于所面向地区的狭小和"地区过热"（即有较多择业者涌向该地区）而造成择业困难，而且职业竞争较为激烈，造成职业的相对不稳定，造成不必要的再就业困难。

二、简历撰写与面试技巧

（一）简历撰写

自改革开放以来，社会越来越需要高素质的综合人才。无论是公务员，还是一小企业的员工，岗位的竞争都需要我们具有除了专业知识以外的各种能力。而一份引人注目并突出特点的简历，一次面试时张弛有度的出色表现，都成为我们竞选岗位和干部提拔的不可或缺的能力。

1. 简历的作用和功能

简单来说，简历就是将你个人学历、经历、特长、爱好及其他有关情况所做的简明扼要的书面介绍。简历是个人形象，包括资历和能力的书面表述，对于求职者而言，是必不可少的一种应用文。因为受栏目及空间限制，你不一定将所有的东西罗列出来，但最能反映你优点及能力的经历可千万别忘了有条理地加以介绍。一份好的简历当然应做到个性突出、结构严谨、朴实简洁、设计精巧，让用人单位一看就能留下深刻的印象。一份能吸引招聘者注意力的简历能创造面试的机会及增加录取的概率，所以在制作简历时千万不要烦琐冗杂。它的功能概括说来，有如下几点：

（1）为了应聘自己感兴趣的职位，可根据传媒所载招聘信息，单独寄出或与求职信配套寄出到相应的求职单位。

（2）对自认为有岗位空缺的理想单位，可以预先寄去一份比较好的简历，做好毛遂自荐，也许能有意想不到的岗位。

（3）在人才交流会上，或大学毕业生供需洽谈会上，一份好的个人简历可以争取更多的录用机会。

（4）在人才公司委托联系求职单位时，一份好的个人简历可以让人才公司有一个好的第一印象，以便让他们更多地推荐自己。

（5）在参加求职面试时，一份好的简历既能为介绍自己提供思路和基本素材，又能供主持面试者详细阅读。面试之后，还可以供对方存入计算机或归档备查。

总之，在人才竞争激烈的时代，简历具有其他方式不可替代的功能和作用。作为一种自我宣传和自我推销的媒介，其功能已经日益为社会和媒体所重视。

2. 简历的内容和特点

简历是向聘用者提供求职个体的基本情况及特长的一份简单报告，因而要求有反映求职个体的比较全面的素材。在参加人才市场、面试、走访招聘公司、拜托中介公司帮忙时，一份好的简历可以增加多个书面介绍自己的机会，从而达到"普遍开花，重点结果"的效果。一般来说，简历并没有固定的格式，一般包括个人基本资料、学历、工作经历、兴趣爱好等。其主要内容和要求大体如下：

（1）个人基本资料。主要指姓名、性别、出生年月、家庭住址、政治面貌、身高、视力等，这些是必要信息，必须写清楚，一般书写在简历最前面，而且一般都有近期免冠照片。如果你是党员或积极分子，请特别注明。

（2）学历及工作经历。用人单位主要通过学历情况来了解应聘者的知识及专业能力水平，而工作经历又恰好地表现出应聘者的工作能力，所以学历和工作经历一般要比较详细地写出来，而且在描述学历时更重要的是专业方向。另外，如果你获得由国家劳动部门认可的职业资格证书及国家承认的其他证书，应按获得的时间顺序依次罗列出来。如果曾担任校级或系级学生会干部或相似职务，可酌情说明，但在面试时不要对自己进行刻意的描述。

（3）特长。除你的专业特长以外，你的个人其他特长也是招聘单位关心的项目之一。在机会均等时，你的个人特长是取得岗位的必要辅助因素，所以在反映时应有具体事例说明。

（4）兴趣、爱好和性格。如果社会工作经历较少，为能表现你的个性，可加写兴趣，以展示你的品德、修养或社会能力及与人合作精神。需要注意的是，最好写一些你有所研究并具有个性的爱好。如没有兴趣爱好也可不写，可直接描述你的性格特点。性格特点与工作性质关系密切，所以用词要贴切。

（5）求职意向或应聘职位。求职意向是应聘者对岗位的第一的、影响个人职业的最直接的因素，在填写职业意向时要注意和自己专业或特长有直接关系的职业，这是招聘者对应聘者在求职过程前的第一认可，似乎很多个人都忽视这一部分，因为这增加了简历被删除的危险。特别是在对方公司同时招聘很多职位的时候，但也是最容易被录取的因素。

一份好的个人简历撰写出来以后，可以提升你个人在招聘者的第一好感，所以在撰写好简历以后，首先应认真检查对照，应该符合这样几个特点：

（1）积极表现出自己的优点、专业特长。

（2）由于它是目录形式，必须简洁有序。

（3）注重语言技巧，表述力求突出个性，避免平庸。

（4）用词妥当，无虚假内容，通俗易懂，言语诚恳，自信，适当自谦。

（5）版面清晰，纸张干净，语法准确，无错别字。

3. 撰写简历的原则

找工作第一件事就是写简历，这也是给招聘单位的一份"见面礼"，也是展示应聘者素质的一块"门面"。简历写得好坏，关系到应聘的成败。为了让对方对你有好感，在撰写简历要做到"六个避免"：

（1）避免冗长

应聘者撰写简历形成了这样的现象：博士生一张纸，硕士生几页纸，本科生一叠纸，中专生一摞纸——文凭越低，简历越厚。应聘者生怕简历薄，不够分量，引不起招聘者的重视。殊不知看简历的大多是企业领导，经理们日理万机，那些冗长、空洞的简历，还来不及看完开头就被扔到了一边；甚至简历太厚，放进人才档案库都嫌挤占空间。所以，撰写简历还是以简洁精练、重点突出为好。

（2）避免虚夸

有的应聘者错误地认为简历写得越奢华、越夸饰越好：知识无所不懂，技能无所不通，极尽夸饰，任意拔高。其实，脱离自身能力的虚夸，往往适得其反，招聘者一看就留下了不诚实、不踏实的印象；尤其到了面试时，张口结舌，露出狐狸尾巴，落得个"聪明反被聪明误"。

（3）避免过谦

有的应聘者从一个极端走到另一个极端，简历写得过于谦虚：行文小心翼翼，措辞扭扭捏捏，胆小怕事，缺乏自信。招聘者看了，还以为你真的"没料"，对你胜任工作的能力产生怀疑，最终与成功失之交臂。所以，简历还是应当实事求是，朴实无华。

（4）避免遗漏要点

有的应聘者，尤其是刚毕业的求职者，缺乏社会经验，写简历眉毛胡子一把抓，无关紧要的写一大堆，捡了芝麻丢了西瓜，把真正的要点遗漏了。一份简历通常要写明：基本情况、学历、资历、特长、求职意向、应聘要求、联系方法等，这些要点遗漏了，就会给应聘者带来不必要的麻烦和损失。

（5）避免喧宾夺主

有的应聘者为了突出自己一专多能的素质，在写简历时，主次不分，轻重无别，甚至把业余爱好浓墨重彩，喧宾夺主，使招聘者看后摸不着边际，分不清你的特长和优势到底是什么。所以，写简历一定要重点突出，主次分明，以便人尽其才。

（6）避免书面差错

简历是公司或企业对应聘者的第一印象，应聘者写简历多是电脑打印，简历写完后一定要调整格式，符合行文规矩，选择适当字号和字体，使版面整洁、美观；然后要反复检查，认真校对，避免涂改和有错别字；最好征求朋友或家人的意见，反复修改后再定稿打印。简历中的错误是应聘者的第一杀手，它能将你扼杀在公司或企业之外。

4. 简历的撰写技巧

（1）制作简历时要求针对岗位来制作

对不同的职位，招聘单位的侧重点是不同的，一定要根据应聘职位来制作简历，才能有的放矢，充分发挥简历的作用。不要为了省事只制作一份简历，然后把它大量复印投递。如果对照招聘的要求来对应说明，那无疑最切合用人单位的要求。简历制作是否能吸引眼球，取决于对应聘职位的认识。招聘人员都明确了解招聘的职位，他只会注意那些看起来切合职位要求的简历。

（2）简历要突出要点

基于同样的理由，应该了解招聘者的招聘重点，看重的地方，然后突出你这方面的能力或特点。不要堆砌太多的章节，不要把所有次要的职责都列出，只写主要的。删除那些无用的东西，比如你的爱好，除非你知道招聘的单位正在组建一支足球队，而你恰好是学校足球队的前锋。

所谓的要点，就是两三点。1，2，3，4，5罗列下来的不是要点，能让阅读的人留下印象的就是两三点，太多项会超出人的记忆限制。提炼并突出这几点，能更容易给人留下清晰的印象。

（3）格式要恰当，篇幅要适宜

很多招聘人员反映，每次都会收到一些组织很差的简历，格式杂乱无章，条理不清楚。或者是简历太简单，看不出什么信息，或者简历篇幅太长，看不出重点。每一位招聘者都相信，简历不一定能体现出一个人的能力水平，但是因为收到的简历非常多，没有特殊印象的简历只能淘汰。同时，招聘人员好像总是时间不够，耐心不足，第一印象不好的简历就随手放一边了。简历格式要注重条理，同时篇幅应控制在刚好满足每份1分钟左右的阅览。

（4）在书写简历时，要注意文本细节

较之业务，招聘者更看重素质；较之能力，招聘者更看重态度。素质和态度往往从简历的细节处体现出来，所以大部分招聘者会特别重视细节，往往一个错别字就会导致简历被淘汰到垃圾箱里，你可能没意识到这是个错别字，但他认为这是不认真的态度。所以一定要仔细斟酌，把细节落到实处。

（5）精心的编排会增加阅读者的第一好感

简历的好坏，关键在于这份简历给人的第一印象如何，因此，还必须对写好的简历进行必要的加工，对它进行编排打印。简历的版式编排要美观大方，让人阅览起来一目了然。版式的效果好，简历翻开来第一印象就会特别好，这样招聘者会用心阅览下去。

如果是要求要多份一样的简历，建议尽量用全打印文稿，而不要用复印文稿。因为复印的效果往往清晰度较差，还可能有小的复印污点，没有必要去省这一点点钱。

（6）内容和版式设计要合理

什么才算是简历的良好效果呢？回答是简历应该方便阅读。简历之所以应该有不同的材料组织样式，原因就是要方便招聘人员在醒目的地方了解到你想让他了解的内容。材料组织样式是排版中最重要的因素。同时还要关注打印、字体选择等其他方面的问题。对简历版面的处理不宜太过复杂、花哨。

（二）面试技巧

一分钟的自我介绍，犹如商品广告，在短短六十秒内，针对"客户"的需要，将自己最美好的一面毫无保留地表现出来，不但要令对方留下深刻的印象，还要即时引发起"购买欲"。这是对面试的一种最好评价。

有许多初次参与面试的应聘者往往对面试有恐惧感，不敢面对面试，这也是第一次走向社会的大学生面临的第一大难题，如何应对面试，其中最为重要的是心理调适。

有一家面试培训公司的副总裁杰夫·布朗的建议是：

面试者可以使用公式 Q（问题）=A（回答）+1（面试者的1个观点），使面谈朝着你希望的方向发展。并需要掌握三个技巧：

（1）仔细研究

应预先掌握信息，尽可能多地了解你应聘的工作、雇主和公司管理层。在回答正式提问中运用这些信息，然后将讨论引向你的资质是否符合这个职位。

了解公司的文化和现在面临的挑战可以令你获得更广阔的视角，这有利于你的面试。公司业绩也可以通过公开的资料、公司的股东报告来获得。根据这些信息，你可以适时调整对有关公司问题的回答。此外，也可以在面试前通过与招聘者的接触，了解公司的核心业务，了解所要应聘的工作职责及公司希望这个职位应做出哪些贡献，然后，在面试中将自己的潜在价值告诉雇主。

（2）准备讲故事

许多面试官希望应聘者提供一些例子，说明他们是如何应对挑战和困难的，这种提问通常需要用故事来解答。但并不是每一个问题都有合适的故事可以引用。你可以事先对面试官感兴趣的五六个类别准备故事，这个过程可以帮助你思考每个问题和潜在的一些例子。

准备得充分，在面试中你就可以游刃有余。

（3）对负面问题做正面回答

当你被问及职业记录中曾犯过的错误时，不要试图躲避。正确的方法是不逃避，也不撒谎，而是正面回答问题并继续谈话。并在谈到错误时，应该说明你怎样从中吸取教训，并学习到哪些有益的知识和经验。

1. 面试的基本过程

毕业生在初次面试时，最要紧的是有效地回答面试者提出的尖锐问题。因此，面试是整个求职过程中的主要环节。要想在面试中表现得尽可能出色，必须为此做好准备，对一大堆问题做出精彩回答，如闲聊（打破僵局）、个人资料（"你是什么人？"）、教育背景（"你懂些什么？"）、经历（"你做过什么？"）及个人行为（"你的交际能力如何？"）。面试者通常通过以下几种方式了解你的情况：

（1）闲聊

闲聊是社交润滑剂，可以打破僵局，使双方建立某种亲近感。想喝点儿什么？来支烟吗？不要担心，别把问题看得太重，或以为有什么言外之意（有些文化通过提供饮料判断应聘者机敏与否）。即使想喝杯咖啡，也不妨暂时放弃这个念头。这毕竟不是一次社交拜访。坐什么车？这车况如何？无论面试者是否是想让你放松放松，心中只当如此。回答宜简洁、中肯。如果这是你坐过的最糟糕的车，不要随意说出来。你住的地方如何？应做正面回答。即使是最差的地方，也要设法找出它迷人的一面来。你对这个（些）问题（指任何有争议的新闻话题）有何看法？应显示出你对此有所了解，但须避免表明立场。不直言己见可以使你在面试者眼中保持一种"神秘感"，促使对方不断试探以摸清你的底细。

（2）个人资料

面试者了解到你的好恶和你对其他与业务无关的问题的态度，可以更好地了解你的为人处事态度和工作情况。谈谈你的情况。掌握回答这个问题的技巧很重要，两分钟内讲完更是必要。超过2分钟，面试者可能会感到乏味或开始走神。最好在参加面试前打个底稿。以前有否想过离开目前或以前的那份工作？如果有，什么把你留下来了？老练的面试者都会问这个问题。他们试图通过这个问题来了解你的动机及你先思后行的能力。你工作的目的是什么？描述一种把自己与应聘企业联系到一起的目标。例如，"我在找一个让我能不断做出有益贡献并不断发展自我的职位"。你对自己目前的事业发展情景是否满意？不管怎么回答，都应当表现出一定的满意度，而且正是这种满意度促使你向现在的方向寻求发展。你认为现在或以前的上司如何？回答这个问题时要谨慎，不宜直率。面试者借此机会对你做出直接评价，判断你是否适合他们考虑提供的职位。你这时谈出的看法使他有机会判断你的能力，并推断在什么样的领导下最能发挥你的特长。

（3）教育背景

面试者往往对你"职业"方面的教育感兴趣。譬如，你对应聘企业所在行业、企业本身、所应聘的职位及与该企业前途的关系有何了解？要多高的报酬？尽早设法从以下这些渠道了解情况：招聘相近职位的分类广告、参加其他面试的经验、从其他招聘企业或行业调查获得的信息。从过去的工作中学到什么？这是一个你总结自己学习经历的机会，应从工作和人际关系两方面谈谈。

你认为我们的最大问题是什么？你觉得我们胜过竞争对手的最大优势何在？对这两个问题的回答不仅显出你对这次面试准备的功夫，而且表明你有很强的专业能力、对应聘企业所在行业及业内其他主要企业有深刻的了解。你认为我们业内有何重要趋势？回答这个问题需要有针对性并且有所准备。你应该能谈得很在行，了解哪些问题涉及该行业，深谙企业怎样及时把握行业趋势。

（4）个人经历

有关个人经历的问题最重要，原因有二：第一，这些问题迫使应聘者重新回顾其职业生涯。第二，这是应聘者展示才华的良机。你目前或最近离开的工作团队怎样？简单谈谈工作团队的人员构成。点明其特点即可，如紧密协作、士气高等。不要传闲话和流短飞长。描述一下你目前或最近离开的工作与你所在部门和企业的总体目标有何关系。这直接关系到"增值"问题，即你为企业增加了多少价值？讲讲目前或过去的工作最让你兴奋的项目。如果你感到所参加的项目都不符合面试者的要求，那么回答前不妨做个开场白："我认为我参加过的项目中没有够得上重大的。不过，让我告诉您一个我曾参与对……不可或缺的项目。"目前或最近离开的工作中，你所做的最重要决策是什么？态度客观地指出是工作中的哪些方面要你做出重要决策。职位的高低显示出你参与决策的份量。你认为做经理人最难之处是什么？"报忧"是最简洁、直接的回答。这种简短有力的回答可以让自身在一边回答时一边有时间思考下一步的话题，同时诱使面试者进一步围绕同一问题发问。

（5）行为问题

企业越来越普遍运用行为方面的问题来判断应聘者干练与否。这种方法的拥护者认为，员工过去的业绩是其未来表现的最好写照（"能做"意即"将会做"）。你的管理风格怎样？请举例说明。想一个你通过别人完成工作的机会，回忆一下什么使你效率高或无效率。你是否同别人有效交流了？强调团队精神吗？有没有亲自动手？描述一下团队四分五裂时的情形。出现这种结局，你从中扮演什么角色？不要担心问题事关自己失败。面试者只想了解你过去如何应付困境：第一，出现问题时你能否看清问题；第二，能否采取应对措施。描述一下你目前工作中昨天发生的事或上个工作中的普通一天。这个大问题使你有机会来确定并建立一种观察具体工作的方式，即某一天的具体活动和所取得的成绩。注意，即使不是昨天发生的事情，你的描述也应当准确。应聘者一定要认清，最好的"产品"并不一定总能卖出去，因为这在很大程度上取决于广告活动、产品的市场定位和购买者的情绪。弄清这一事实有助于让应聘者明白，尽管他们是条件最好的应聘者，通不过面试照样前功尽弃。一旦你认清这点，做好面试准备变得至为关键，否则你永远在求职中徘徊。

2. 正确面对面试现场

若能得到面试的机会，证明你已经成功了一半了，这时可千万不可马虎，求职者应该认真面对面试现场，把握好仅有的一次机会。为了提高面试成功的机会，应谨守"面试衣着的六大禁忌"，就能通过最后一首关卡，成功踏入职场。

当在校毕业生离开学校后，踏出校门的第一项挑战，就是面试。当前，大学生就业越来越严峻，职业市场竞争激烈，应征面试，衣着装扮不容马虎。穿上合宜的"面试装"，可让自己在应对进退之间更有信心。

面试衣着的六大禁忌：

（1）脏污和皱褶

肮脏、破旧、皱得像酸菜干的服装，也许很"酷"，但绝对不适合穿去面试，如此装扮会让人觉得你个性吊儿郎当，没有诚意。此外，时下流行仿脏污、故意抓皱褶的前卫风服装，也不适合。

（2）装可爱或太花哨

你无法忍受一成不变，特别喜爱"与众不同"，疯狂迷恋粉红色系的娃娃装……。先忍一忍，这场面试决定你的一生，暂时把内心里的"粉红狂"收起来，把身上的粉红娃娃、缤纷花朵、绒毛玩具、公主发夹一一取下，乖乖去面试吧！这是一位求职者在经过面试后的第一感受。

（3）浑身名牌

参加面试时，在衣着装扮方面的确要花点功夫，但不代表就得要浑身名牌。浑身名牌，常会给人"败家""个性娇纵""不肯吃苦耐劳"的负面印象，就算是应聘精品业的工作，也不必如此。不过，拎一只材质好一点的名牌包，是被许可的，但最好品牌的 Logo 不要太明显。

（4）太过性感或裸露

你的身材可能非常性感火辣，但在面试时，最好还是包紧一点，以免火辣的身材蒙蔽了面试官的眼睛，只看见你的身材，没看到你的才华。

（5）适当化淡妆，但不宜过度浓妆艳抹

也许你是自然主义者，不爱化妆，但面试时，最好还是上点妆，适当遮住黑斑、雀斑和黑眼圈，让自己的气色好一点。不过太过浓烈的浓妆艳抹也不合适，会让你显得太过匠气，也要避免。

（6）露趾鞋和爆炸发型

流行的"露趾鞋"和"爆炸发型"一直是时尚圈争议的焦点。虽然很多人认为"露趾鞋"和"爆炸发型"已可登大雅之堂，国外女星甚至还穿去赴宴呢！不过，这不宜出现在面试场合，因为在面试场合上，这种打扮让人感觉到一种放荡和不稳重的感受，会给你的综合指数大打折扣。

3. 面试中的察言观色

学会在面试中察言观色，可以大幅度地提高就业率。要提高求职的成功率，除了必要的专业知识和面试准备、良好的心理素质和合适的仪表等不可或缺的要素外，求职者还要学会在面试时"察言观色"。

在面试中，单位和求职者直接见面，形成了一个人际互动的局面，求职者学会如何看懂对方的"脸色"，也是求职过程中不可忽视的一项能力。因为面试官在与求职者交谈过程中，他的脸色、神态和举止也相应地表达了他的想法和意图。

在特定时候，求职者在面试中介绍自身的某个特长，面试官却不时地移开目光，那么他很可能对求职者的介绍并没有特别在意或没有兴趣，求职者应当尽快跳过，看是否还有值得向他介绍的其他信息。有时，面试官一再询问求职者是否拥有英语四六级、计算机或其他门类等级证书等，很显然，该公司着重想招聘的是复合型的人才，求职者应该把获得的证书一个不少地展示出来，把自身的特长一一介绍出来。

如果求职者在表述出自己的薪水和待遇等方面的要求后，对方面露难色，或者是态度没有刚才自然，那么说明对方在这个问题上持保留意见。假如低于这个薪水，求职者确实感到不甚满意，可以直接说出来，看对方如何对答。假如这个职位在发展前景上很有潜力，那么求职者在此时就应该巧妙地表示愿意放低一点要求，从而避免仅仅因薪水问题上的小小分歧而错过一个不错的职位。当然，想真正解读出对方的心意，有时不能只听他说了哪些话，更要紧地是看他是如何表述这些话的。这点需要求职者尽量多到求职场上"实战"，才能更好地把握"察言观色"这项求职技能。

正确把握面试人员的态度及意向，是提高就业概率的关键所在，求职者应该选择适当时候来展示自己个性的一面，但必须是在面试人员认可的前提下，否则会适得其反。

三、心理调适

大学生的心理调试应该从学校开始，大学生的就业心理障碍实际上从毕业前就开始。因此，就业心理障碍应该从大学生毕业前一年甚至更长时间开始调节。

（一）正视心理问题

目前，大学毕业生的就业心态和心理问题最值得关注。较为严峻的就业形势给大学生就业带来了心理压力和焦虑。在就业指导的过程中，虽然各高校教师及有关部门应采取积极有效措施帮助大学生进行心理调适，引导他们减轻就业压力、克服心理焦虑，尽快适应社会竞争形势，顺利实现就业。但是，严峻的就业形势是增加目前大学生心理障碍的最为重要的因素之一。

大学生是社会生活中最敏感、最活跃的群体，大学生的表现最能反映社会的时代特点，因此，大学生的行为表现通常被人们称为社会的"晴雨表"。随着大学毕业生人数的逐年增多，大学生面临着越来越严峻的就业形势。由于心理上具有不成熟性和不稳定性的特点，在严峻的就业形势面前，在激烈的就业竞争中，不少大学生难免会产生诸如压力过大、焦虑之类的心理问题和心理障碍，从而直接影响了他们的顺利择业和就业。

心理焦虑是指由心理冲突或个人遭受挫折及可能要遭受挫折而产生的一种紧张、恐惧的情绪状态。就像挫折难以避免一样，焦虑也是我们生活的一部分。过度的焦虑会对大学生择业就业产生消极影响，它不仅会抑制大学生的正常思维，而且使大学生的注意力难以集中，记忆力明显减退，从而影响大学生正常的学习和生活。大学毕业生面临严峻的就业形势产生焦虑心理在所难免，但要实现顺利就业，就必须认清就业形势，正视就业现状，转变就业观念，调适就业心态，把握就业机会。

1. 认清就业形势，正视就业现状

据不完全统计，2017年全国高校毕业生795万，比2016年增加30万人。2018年高校毕业生将达到820万。预计今后三年内还将继续增长。高校毕业生近年增量多、压力大，整个就业市场需求岗位的总体状况相对趋紧。

作为面临就业的在校大学生，只有正视就业压力，才会迫使自己积极行动起来，产生求胜的心理和行动。适度的心理焦虑只会增加就业压力，当然这种压力也可以变成动力，对自身惰性的进攻，可增强自身的进取心。但是，如果心理过度焦躁、不安，自己又不能在一定时间内调整这些情绪，这些情绪就会成为心理障碍或心理疾病，会严重影响主观能动性的发挥，甚至会埋没个人的潜能，给就业带来额外的困难。在日常生活中，我们对焦虑心理的评估可以是客观的，也可以是主观的。面临就业，有充分理由让我们相信，自己正处于严峻的形势之中，这时的焦虑心理是一种正常反应，我们可以提醒自己正视就业；如果我们对就业形势做出不切实际的评估，即不能正视就业形势，则产生的焦虑心理就不是一种适应性的反应，就会使我们自己感到异常紧张，给情绪造成较大困扰，严重时会导致焦虑障碍。

2. 转变就业观念，适当调节就业心态

大学生群体是个体由青年期到成年期成长过程中一个特殊的群体，他们集多种特殊性于一身，多重价值观、人格的再构成等心理内在原因，同时存在着环境中诱发因素的作用，使得大学生的心理健康状况比个体一生中的其他阶段人群及处于这一时期的其他群体明显要低。一般的观点认为大学生就业期的心理问题主要有挫折心理、从众心理、嫉妒心理、羞怯心理、盲目攀比心理、自卑心理、依赖心理等。特别是挫折心理，对大学生就业影响最大。心理学上有一个"斯万高利"效应，在大学生就业过程中也经常会遇到这种效应。

在美国的亚利桑那州博览会上曾展示出一副名叫"斯万高利"魔牌，这是一副简单又叫人着迷的牌。表演者先将牌摊开让你看清楚，让你知道每一张牌都是不同的。接着让你随便抽出一张，假若你抽到的牌是红心Q，你没有告诉表演者所抽到的是什么牌，然后又把红心Q放回到整副牌中，表演者任意洗牌后，大叫一声"斯万高利"，当牌摊开时，

每一张牌都变成了红心 Q。在现实生活中，当我们在遭受心理挫折后，如果不设法排解，而是任挫折感在头脑中繁殖蔓延，最终就会使自己所做的事情都带有挫败的阴影，这就是心理学上所讲的"斯万高利"效应。大学生在就业过程中，也往往受到"斯万高利"效应的影响。

观念是行动的先导。大学生要改变错误、狭窄、扭曲的自我认知和社会认知，加强自我理解和分析的能力培养，以平常心面对就业形势，以保持冷静的思维来进行生活中所谓重大的抉择；要孕育真、善、美的感受，持有良好心境，构筑完善情绪情感；要排除诸如不满、愤怒、嫉妒、焦虑、恐惧等负性情感对正常思维、决策的干扰；要打破传统意义上的就业"一锤定终生"的陈旧就业观念，建立新型的就业观，强化择业的自主意识，树立正确的就业观。应届毕业生面对就业形势，回避的应对方式虽然可以缓和焦虑程度，但作为一种消极的方式因为没有真正解决就业问题，长此以往是要付出较大代价的，焦虑源并不会因此自动消失，反而会对本人纠缠不休，不定期还会出现，所以必须随时戒备。在有些时候回避虽然是一个诱人的方法，但绝不是一个积极的最有效的方法。如果我们一味地自怨自艾，只能继续滋生失望的心理，抹杀自己的自信心；如果我们反复玩味挫折，咀嚼挫折带来的痛苦，只能使自己更加心灰意冷，举步不前。面对全新的社会环境和严峻的就业形势，心理挫折不可避免，但因噎废食，给自己贴上失败的标签，徘徊在失败的阴影中的做法不足取。

观念决定行动。大学生要进行心理调适，克服焦虑心理，关键是要转变就业的思想观念。应届毕业生要打破传统的事事求稳、事事求顺的思想，树立市场竞争的观念。市场经济就是竞争经济，我们生活在市场经济社会中，竞争就要伴随自己一生。应届毕业生求职过程就是竞争过程，即使你得到了比较理想的职业，如果缺乏竞争意识，不再继续努力，也还会失去这个工作。有竞争就会有风险，确立竞争意识，不怕风险和挫折，焦虑心理就会得到缓解。面对就业焦虑，进行理性思考是基础，根据情况的变化更新自己的思想观念是关键。

3. 把握就业机会，正确面对就业

就业是大学生人生发展中的重大转折点，是大学生从"自然人"向"社会人"过渡的重要阶段。大学毕业生择业认知心理是指在择业过程中对自己、对职业及其周围社会环境等的认识、了解和择业中对事物的推理及判断。在许多情况下，当良好的就业机会到来时，要正确地把握机会，抓住一切就业机会。一方面，许多学生自我认知不准确，有的产生自负心理，主要表现为择业期望值很高，把待遇是否优厚、交通是否便利、住房是否宽敞等作为选择标准，不愿承担艰苦的工作，不愿到经济欠发达地区和基层学校去工作，往往会给用人单位留下"眼高手低、浮躁虚夸"的不良印象；有的产生自卑心理，主要表现为对自身的素质和就业竞争能力评价过低，不敢主动向用人单位推销自己，不敢主动参与就业竞争，陷入不战自败的困境之中。另一方面，对外围环境认知不确切，对环境估计不足会

出现坐等心理，坐等就容易失去机会，如计算机、通信、电子信息类等一类乐观专业，以及金融、财经、政法类二类职业前景专业的学生思想不切实际，只注重经济意识和区域观念，讲究金钱第一、环境条件第一，不愿到待遇差、条件差的地方，结果出现了"高不成，低不就"的状况。具有理想化趋向的大学生在就业过程中便往往会出现决策犹豫心理，从而错过一些良好的就业机会。

焦虑产生紧张和担忧的心态，而良好的心态才有利于把握就业机会。在就业过程中，一方面既要适当地放松自己，使自己保持一个平和的心态，同时又要注意把握机会，不能让就业的机会与自己擦肩而过。把握机会并不是越紧越好，就像我们手中的沙子，你把握得越紧，留下得就会越少。放松心情的有效方法有多种：一种是深呼吸法，放松的方法应集中于注意自己的呼吸、心跳等身体反应，以身体反应当作放松的提示有个好处，就是觉得随时都有充分准备克服焦虑；第二种是运用想象的方法来减轻焦虑，我们可以想象就业过程中可能出现的焦虑情景，进而放任自己体验焦虑心理，同时随时提醒自己，焦虑心理虽然让自己不舒服，但没有多大危险性，至少不会致命，在想象中，我们就可以与焦虑共存了。另外，进行适量的体育锻炼，听听自己喜欢的音乐，也能够调整紧张情绪；第三是接受专业治疗，如果自己的焦虑心理已经严重到了干扰正常的学习和生活，而且自己无法得到调解，就得求助于正规咨询机构的治疗，如行为治疗、认知疗法或辅助药物治疗等。

（二）面对就业时不良心理的调适

1. 焦躁心理的调适

要克服焦虑、急躁的心理，就需要打破事事求稳、求顺的想法，增强竞争意识。求职过程本身就是一种竞争，就是一个优胜劣汰的过程，即使通过竞争自己找到了比较理想的职业，如果不继续努力，也还可能丢掉这份工作。而且有竞争必定会有风险和失败，一旦确立了竞争意识，就不要怕风险和挫折，这样焦虑的心理必定能得到缓解或克服。同时，毕业生还应克服自己择业心切、急于求成的思想，否则越急越容易导致择业失败，而失败的体验又会强化沮丧和焦虑的情绪。因此要客观地分析自己，合理地设计求职目标，不盲目与他人攀比，更不应有从众心理，尽量减少挫折，这样也会减轻焦虑的程度。此外，还可以采用合理的情绪宣泄和放松的方法来减轻焦虑。但是，宣泄一定要注意场合、身份、气氛，注意适度，应是无破坏性的。

2. 自卑心理的调适

正如一句名言所说："你之所以感到巨人高不可攀，只是因为自己跪着，不信你站起来试一试，你一定能发现，自己并不比别人矮一截。许多事情别人能做到的，你经过努力一样能做到。"因此，要消除自卑心理，至关重要的是要能够正确地评价自己，纠正过低的自我评价。实践中可以采取以下方法：

（1）优点列举法：列举自己的诸多优点，然后请同学和父母帮你写出"同学眼中的我的优点""父母眼中的我的优点"，综合后最大限度地挖掘自己实际存在的优点和优势。

（2）能力展示法：要克服自卑感还必须学会恰如其分地表现自己的才能。比如，学会如何平静地与人交谈，如何接近陌生人，如何同别人握手寒暄，如何进行开场白，如何使谈话继续和终止等技巧。

（3）自我暗示法：在就业时暗示自己，不要计较别人的议论。失败、成功都是自己的事，无须担心他人的议论；在应聘中暗示自己，如果此次面试不行，还会有下一个机会，这个单位不录，还有其他的单位在等着自己。在面试场上要暗示自己，面试无非是一场谈话，尽量使自己放松。

（4）成功体验积累法：可以多参加社会实践活动、实习观摩活动的组织等，通过丰富的体验获得成功的愉悦，激励自我不断发现自己的能力，提高自信心。

3. 自大心理的调适

作为大学毕业生，在求职时不能没有自信，但是自信过了头，就成了自负。自负的人不能客观看待自己的优势，夸大了自己的优势，因此当心目中的高目标不能得到满足时，便会产生失望、挫折的心理。

克服盲目自信的核心是正确认识和评价自我。方法包括：

（1）社会比较。首先，要将自己与社会上其他人做比较，要通过社会上其他人对自己的态度来认识自己。如果一个人对自己的评价与他所获得的各种比较信息基本一致，那就基本可以认为他的自我认识发展得比较好，比较客观；如果不一致，差距太大甚至相反，那就表明他的自我认识发展得不好，不够客观，缺乏自知之明。

（2）自我静思。也叫自我反省，通过反省应当明确自己的专业发展方向是什么，自己的优势和劣势是什么，自己的爱好特点是什么，自己的性格气质是什么，自己最适合干什么工作等，使自己在择业过程中处于积极主动的位置。

（3）心理测验。大学生可以根据自己的需要选择质量可靠的心理测验，如能力测验、人格测验、兴趣测验等对自己的能力倾向、兴趣和性格做一个客观评估，以帮助自己正确认识和评价自己。

4. 依赖心理的调适

依赖他人的帮助，毕业生有可能也会找到一份好工作。但是从长远来说，依赖的心理对毕业生的社会适应却是有害的，因为依赖的习惯会使人逐渐丧失自信、失去自我，不相信通过自己的努力会达成自己想要的目标。在当今竞争激烈的社会，自信心、自我效能感（相信通过自己的努力可以完成任务的自信程度）对于一个人的成功越来越重要。

要克服依赖心理，一方面，要充分认识到依赖心理的危害，提高自己的动手能力，不要什么事情都指望别人，遇到问题要做出属于自己的选择和判断，加强自主性和创造性，学会独立地思考问题；另一方面，要在生活中树立行动的勇气，自己能做的事一定要自己做，自己没做过的事要锻炼做，通过行动上不断累积的成功来强化自己动手的习惯。

5. 从众心理的调适

适度的从众即认为多数人的行为和意见是正确的而怀疑自己的判断，在一定程度上有助于人们遵从一定的规范，形成一致的行为，完成群体目标。但它的消极影响不容忽视，因为它倾向于形成标准统一的行为模式，排斥与众不同，因此，有时会窒息人们的创新精神，也不利于人们个性的发展。

在就业问题上，克服从众心理从根本上说还是要认清自我，了解自己的价值观，弄清自己的条件（优势和劣势），摆正自己的位置，根据自己的实际情况，形成一种脚踏实地的务实态度，而不是盲目随大流；其次，克服从众心理需要适当表现自己，做回自己，跨越"从众"的矮墙，告别平庸，走向卓越。

6. 自责心理的调适

要克服挫折感和自责感，毕业生首先要学会积极的思维方式，学会将思维中的负性词语改为正性词语。例如将"我觉得很无奈，又失败了"改为"除了努力我还有什么更有价值的事情可以做""怎样才能造成新的突破"；将"我为什么这么痛苦"改为"为了解决问题，我现在可以做什么""我怎样想和怎样做才最有利于问题的解决"；将"因为我找不到工作，所以，别人看不起我，我闷闷不乐"改为"我只是暂时没有找到工作，但是我要更加努力，因为只有这样才能改变现状，才能有就业的机会。因为只有这样，我才能挽回面子。因为只有这样，我才能改变我在大家心目中的形象"；其次，毕业生的求职目标应保持一定的灵活性。例如，在正确了解职业要求和自己特长的基础上，制订一个分为高中低三个档次的求职目标，适时调整求职目标，然后有针对性地投放简历和参加招聘会。此外，适度的倾诉宣泄和放松练习也有助于减轻自责心理。

7. 嫉妒心理的调适

要克服嫉妒心理，最好的方法是提高自己的能力。有这样一个故事：一位老师在地上画了一根直横线，问他的学生："你怎样才能把这根线变短呢？"学生用手把线擦掉了一部分。老师摇了摇头，在旁边又画了根更长的线，说："与这根线相比，刚才那根线就变短了。做人也如此啊！"学生明白了老师的用意，从此改掉了自己喜欢嫉妒别人的毛病。由此可见，要使自己比别人"长"，最好的办法不是把别人"擦短"，而是让自己更"长"，也就是长进自己。

其次，克服嫉妒还要学会与人协作。一个人的能力总是有限的，别人的长处你也不可能使自己全都具备。所以，有的时候你应该承认自己技不如人，在向他人学习的同时应该学会与人协作。只有这样，你才会克服嫉妒心理，提高自己在集体里的人缘，同时也加强了自己的综合力量。好的人缘也会为自己求职带来更多的信息和途径。

最后，克服嫉妒心理需要树立正确的竞争观，化嫉妒为动力。一个人在嫉妒别人时，总是注意到别人的优点，却不能注意自己比别人强的地方。当个体有意识地想一想自己比对方强的地方，就会使自己失衡的心理天平重新恢复到平衡的状态。总之，对别人产生了嫉妒并不可怕，关键要看个体能不能正视嫉妒，能不能升华这种嫉妒之情，把嫉妒转化为成功的动力。

四、就业权益保护

对即将走出校门的大学毕业生，最为关注的是都在为自己的第一份工作忙碌着。从人才招聘会、人才市场，到用工单位，也许跑了不下十几家。随着就业的临近，毕业生的心里一定有种无形的压力。但让毕业生们最容易忽略的是自己的安全保障和自身的权益保护。因此，刚毕业的大学生在忙碌的求职中主动了解就业的法律法规，提高自身法律意识是加强自我保护的前提，多一份准备，就少一份失误。

关于提交个人信息的情况不能一概而论。一般来说，招聘单位要求求职者提供与自身简历可互为佐证的材料，如联系方式、证书复印件等，都是可以理解的，这也有助于求职者更有效地向用人单位推荐自己。但是如果单位索要的信息超出了招聘求职必需的范围，由于没有相关法律约束招聘单位，从应聘同学的角度，同学们要谨慎行事。

1. 谨防有效身份证件的盗用

几乎每家应聘单位在求职者进入面试阶段后，都会要求他们提供身份证复印件，作为应聘资格审查的一项。在没有办法判断所应聘公司是否合法的情况下，为了防止发生像萧伟同学经历的那种事件，作为求职者的毕业生只能运用智慧来保护自己的权益不受侵犯。有事例表明，一位经历过多次应聘的刘姓同学就有他自己的招式：他在每次面试提交身份证复印件时，都会在复印件上写上"应聘专用"四个字。这样这份复印件除了在应聘时证明他的身份之外，就不具有其他法律效用了。而学校在为求职学生提供帮助时，也常常会考虑到这一点，比如许多由学校提供的材料表格上，都会有"此表复印无效"等字样，防止这些承载了学生个人信息的表格被滥用。

2. 谨防电话的盗窃

对于联系方式问题，同学们应注意，在毕业生就业推荐表和就业协议书上的格式中，都有学校就业部门的电话和联系人电话一栏，只要填写好这些就已经很方便联系了。而家庭联系方式一般不是必需的，同学们可以不提供。

3. 不要轻易"掏腰包"

某财经学院的李霞同学刚刚收到一家保险公司的复试通知，这让她十分欣喜。但是该公司接下来提出的要求又让她十分犹豫：该公司要求她在面试时交100元培训费，180元考试费，如果她愿意的话，还可以再交20元就可以将考卷买回家提前做好上交。应聘怎么还要交这么多钱？到底该不该去？想到这家公司的待遇挺高的，如果放弃了就太可惜了，李霞处在两难选择中。

这种情况在大学生求职过程中会经常遇到，到底该如何处理？遇到这种情况一定要小心，因为招聘单位对求职者以培训、考试等名义收费是不合法的。《劳动法》规定，用人单位不得以任何形式收取抵押金、抵押物、保证金、定金及其他费用。一家正规的企业是有义务为所招聘员工提供培训的。

收费还有另外一种情况。有一位同学接到一家单位的签约通知，要求他在签约时交800元培训费。该同学心生怀疑，向学校就业部门反映了这件事。学校就业部门通过调查询问，得知此公司根本没有发过签约通知。后经查实，原来该同学交给此公司的简历由于疏忽丢失，落到了某中介机构手里，结果被该中介公司冒名招聘。据了解，在应聘时遭到索要费用的情况一般有两种可能，一是所应聘公司的招聘行为本身就是不合法的；二是某些中介机构以从求职者身上营利为目的。因此，为谋求职业的大学毕业生一定要提高警惕，不要轻易"掏腰包"。

4. 签订合同保护自己

合同是由订立合同的双方在特定条件下对商定事件的文字形式的纪录，只要是没有违反法律，没有自我矛盾的合同条文，双方自愿订立，没有伤及第三人利益，订立合同的出让方对标的物有处分权，订立合同的一方或双方没有出于欺骗目的，合同就是有效的、受法律保护的。

合同，也称为协议，是作为平等主体的自然人、法人、其他组织之间设立、变更、终止民事权利和义务的约定。合同作为一种民事法律行为，是当事人协商一致的产物，是两个以上的意思表示相一致的协议。只有当事人所作出的意思表示合法，合同才具有法律约束力。依法成立的合同从成立之日起生效，具有法律约束力。

合同作为一种法律概念，有广义与狭义之分，这里所说的合同是指受《合同法》调整的合同，具有如下法律特征：

（1）合同是两个以上法律地位平等的当事人意思表示一致的协议；

（2）合同以产生、变更或终止债权债务关系为目的；

（3）合同是一种民事法律行为。

在各高校的就业案例中，都曾出现过这样的"试用事件"。应聘同学遭遇"试用事件"，一般分为三种情况：一是试用期过长；二是违约金过高；三是试用期结束后用人单位以应聘者不合格为由拒绝续约。

那么应该怎样避免这类事件发生呢？

首先，在和招聘单位确定试用关系之初，就签订书面协议——劳动合同，确定双方的义务和权利，千万不要听信"空头支票"。《劳动法》相关条款与各地劳动合同规定中，都有这方面的相应规定。即使是在试用期，没有书面约定也无法构成劳动关系，可能会对双方都造成损失。初出校门的毕业生们应该牢记这一点。

其次，应该注意劳动合同的合法性、规范性。一份合理合法的劳动合同，可以防止许多侵权事件的发生，也能在发生后较好地为受害者讨回公道。

其三，有了合法规范的劳动合同作为依据，在劳动争议发生后，同学们如果觉得自己的权益受到了侵犯，可以在争议发生后 60 天内，根据级别管辖和地域管辖的规定，向相应的仲裁委员会申请仲裁。此时一定要采取法律措施保护自己，千万不要忍气吞声，放弃自己应有的权利，更不能采取违法行为泄愤。

5. 就业维权重在预防

在就业市场上，应届大学生是一个弱势群体。由于就业法规、就业市场和大学生自身素质等方面的不完善，大学毕业生们所遇到的困扰并不仅仅包括以上几种。同时在关于大学生就业的权益保护的问题时，应该注意以下几个方面：

（1）要求每个人做到以预防为主。虽然求职者在权益受侵犯后可以通过申请劳动仲裁等方式保护自己，可是事后的补救都会有其弊端，不如防患于未然。比如申请劳动仲裁可能会花费一定的时间和金钱，这对正处在找工作紧张状态中的毕业生来说，显然是不大实际的。预防为主包括以下几个方面：首先，在就业准备上，要主动了解就业法律法规，切实提高自身法律意识。其次，对来自不同招聘渠道的信息，要有不同的处理方法。一般来自学校就业网站和校园招聘会的信息是最可信赖的，但学校就业部门毕竟只能起一道"防火墙"的作用，要真正甄别真假，还要自己多了解；对信息量最大的网上招聘不能轻信，真正比较权威的网站应该是与政府人事部门、教委直接链接的官方网站；对社会上举办的招聘会不能"漫天撒网"，应该有的放矢，否则会有让自己的简历落入非法中介机构的风险；在得到应聘机会时，要注意从多方面了解应聘单位是否合法规范，比如可从工商局注册管理网站上查找该单位的信息，从已就业的学长那里了解该公司的声誉，在参加面试时观察该单位的工作氛围、人员素质等。

（2）要求就业个体要端正就业态度。求职不应低三下四、任人摆布，更不应怨天尤人、听天由命，而应积极主动，有尊严、有信心地与招聘单位进行平等交往。求职和招聘是一个双向选择的过程，双方是平等的，只有双赢，才真正有利于双方。

第四章　职业生涯规划管理

第一节　走进职场

大学生活一结束，多数大学生就要正式走进职场。在前方等待你的机会和经历可能既会让你激动，也会令你沮丧。就像无数毕业生所警告过的那样：工作世界可不像大学！不过，伴随新工作而来的也有新的补偿：你会得到许多学习和成长的机会。当然，相应地，你也会碰到大学教育从未教你应付的情况。

对大学生而言，从校园到社会是一个巨大的变化。此时，很多学生既有对校园、对同学的恋恋不舍，也有面对未来的兴奋、茫然和焦虑。应该说，这都是面对变化时很正常的感受。然而，如果我们在走入社会前，对可能遇到的环境或困难有所了解，提前从心理和资源两方面做好准备，将有助于顺利地渡过这个时期。

很多学生提到，在工作中可能遇到的问题包括：人际关系、是否有胜任工作的能力、对个人的发展没有信心、工作与生活的平衡等。表6-1中列出了大学文化和工作文化、学校教授与工作中老板的区别，这些都需要学生去适应。

从小学到中学再到大学毕业，每个学生其实都曾经历过不止一次的挑战与变化，比如第一次离开父母、适应大学生活、寻找导师等等。别忘了：每个即将毕业的大学生都是带着很多资源和智慧面对未来新环境的。

第二节　管理你的职业生涯

职业生涯管理是指组织人力资源管理部门与员工共同协商，对员工职业生涯进行分析，选择，设计，调整和评估，实现员工职业选择与组织的人员需要相适应，个人目标与组织目标相统一的过程。

职业生涯管理包含两重含义：组织职业生涯管理和个人职业生涯管理。

组织职业生涯管理是组织针对个人和组织发展需要所实施的职业生涯管理，即组织帮助员工具体设计及实现的职业生涯计划。一个典型的例子就是学校的专业教学计划，即学校帮助学生具体设计及实现的专业学习计划。制订专业学习计划是学校行为，学生不参与。

因此，组织应了解其过去的发展状况并确定未来的目标，预测政治、经济、社会、文化等环境的变化及可能产生的影响，确定具有长远性、前瞻性的发展方向；组织要充分了解员工的个性差异、绩效表现及其发展目标等；组织应主动提供各种信息给员工，强化彼此之间的回馈、沟通、信赖与支持，使员工了解个人在组织中的发展方向，以提高员工的工作积极性和凝聚力。

组织职业生涯管理的意义主要表现在三方面：一是可以增进组织与员工的相互认同感，实现二者同步发展；二是可以激励员工提升工作能力和绩效，保持员工队伍的相对稳定；三是有利于更有效地实施人力资源管理职能。

个人职业生涯管理也称自我职业生涯管理，是员工个体以实现个人发展的成就最大化为目的，通过对个人兴趣、能力和个人发展目标的有效管理实现个人的发展愿望。即在组织环境下，由员工自己主动实施的、用于提升个人竞争力的一系列方法和措施。个人职业生涯管理的意义在于：一是可以增强员工对工作环境的把握能力和对工作困难的控制能力；二是可以更好地确立人生方向和奋斗的策略，处理好职业和生活的关系；三是可以实现自我价值的不断提升和超越。

总之，个人职业生涯管理的重要性对个人来说，关系到个人的生存质量和发展机会；对于组织来说，关系到保持员工的竞争力。（这对高校的学生而言，同样具有巨大的现实借鉴价值和意义。）

职业生涯管理具有的上述两重含义，表明职业生涯管理应同时重视所有互为依存的主体，其目的在于促进个人与组织、个人、组织与社会的和谐发展。和谐发展是 21 世纪的主旋律，只有和谐才能持续、协调、共同发展。

第三节　时间管理

"洗手的时候，日子从水盆里过去；吃饭的时候，日子从饭碗里过去；默默时，便从凝然的双眼里过去。我觉得时间去得匆匆了，伸出手遮挽时，它又从速视的手边过去，天黑时，我躺在床上，它伶伶俐俐地从我身上跨过，从我的脚边飞去了。当我睁开眼和太阳再见，这算又溜走了一日。我掩面叹息，但新来日子的影子又开始在叹息里认过了。"

朱自清的这篇《匆匆》不知道引起了多少人的共鸣。时间是每一个人最宝贵的财富，也是每一个人最宝贵的资源，我们不能留住时间，但是我们却可以更好地利用时间。所以，我们每一个人，都有必要学习如何做好时间管理。

一、时间管理内涵

（一）时间的内涵

"时间"是我们经常使用的词语，然而细想一下，时间是什么？史学家说，时间是铁面无私的法官；企业家说，时间金线，医生说，时间是生命。这些都是不同人基于自己的经验给时间的解释，想要真正能够了解时间并管理时间。我们有必要对时间进行初步的认识。时间不可回溯，不能买卖，更无法暂停。

（二）时间的类型

按时间的功用，可以把时间分为工作或学习时间、生理时间和休闲时间。

工作或学习时间，是指用在工作或学习上的时间。

生理时间，是指为满足人身体生长、新陈代谢等所必须花费的时间。诸如吃饭、睡觉和排泄等等所占用的时间。

休闲时间，指为调节身心状态，从事一些放松自己的活动的时间。如听音乐、进行体育活动等。

（三）时间管理

时间管理是指个体为有效利用时间资源进行的计划和控制活动，即要在同样的时间消耗下，为提高时间的利用率和有效性而进行的一系列工作。其目标是使人们从被动地、自然地使用时间转到系统地、集中地、有目的、有计划地主动分配使用时间，从而进行高效的、富有创造性的劳动。①时间管理的对象不是"时间"，时间本身是无法管理的。时间管理的实质是自我管理，是通过管理时间资源使用的方式、方法以及与时间对应的事项安排，以求减少时间浪费，用最短的时间或在预定的时间内实现既定目标的行为。

二、时间管理策略

（一）时间管理的原则

1. 先行一步

在实际工作和生活中，人们必须增强时间观念，无论做什么事情，都要有时不我待的紧迫感，早谋划、早准备、早着手，争取主动，避免因一步之差而与成功失之交臂。

2. 黄金时间

每个人都有不同的作息习惯，了解自己一天中的体力和精神状态后，试着调整时间表来配合身心状态。依据自己的心情和体力状况调整时间表，就会发现这样做不但能节省时间，还能让工作更有效率。

3. 帕金森原则

帕金森原则指出，工作在最终期限到来前是不可能被完成的。人们会下意识地根据完成时限的远近把工作分为三六九等，完成时限越近，人们对某项工作的关注度越高，投入的精力越大。

4. 集中的原则

集中处理的原则是指在一个合理的时间段内，连续进行有固定模式的重复工作，工作效率会按照一定的比率递增，从而使单位任务量耗时呈现一条向下的曲线。集中处理能提高效率是在以下两种因素的共同作用下产生的：一是熟能生巧，二是规模效成。

5. 时间套种

时间"套种"的原则与集中的原则相反，是指从事某项创新型的工作超过一定期限以后，单位时间内取得的工作成果会逐渐降低。其原因是多方面的：长时间从事单调的工作，人的兴趣会降低，创造力逐渐减退，工作效率会快速下降。

6. 自控

自控的原则包含三层含义：一是对于能自我掌控的事物，不用再花过多的时间和精力去掌控，它会自行朝着既定的目标前进；二是对于无法掌控的事务，不必为其多费心思，时间会给一切问题的答案；三是对于能够而且应该掌控的事物，用心去掌控。

7. 聚光

聚光的原则认为，只有把有限的时间聚焦到重要的目标上，才能保证事业上的成功。目标过于分散等于没有目标，把有限的时间分散到众多的目标上，就像将有限的资金用在众多的项目上，最终只能导致每一个项目都虎头蛇尾，半途而废。

8. 时间—资源互补

时间—资源互补的原则来源于项目管理领域，是指时间与用于项目实施的其他资源之间存在互为补充、互相替代的关系。在项目实施过程中，当某一任务完成时限紧迫时，可通过调剂其他资源，增加人力、资金、物资、设备等投入的方式来加快任务的进程；当某一任务完成时限较为宽松时，可调剂部分人、财、物用于完成时间更为紧迫的其他任务，从而实现项目资源最优利用。

（二）时间管理的方法

1. 明确目标

目标能够刺激我们积极向上，激发我们的潜能。一个目标应该符合 SMART 原则才可以说是完整的，即具体的（Specific）、可以衡量的（Measurable）、可以实现的（Attainable）、相关的（Relevant）和有时间限制的（Time-based）。

2. 有计划、有组织地进行工作

（1）设立目标；

（2）搜寻达成目标的各种途径与方法；

（3）选定最佳的达成目标的方式；

（4）将最佳途径转化成每月、每周和每日的工作事项；

（5）编排每月、每周和每日的工作次序并加以执行；

（6）定期检查目标的现实程度以及目标最佳途径的可行性。

3. 分清工作的轻重缓急

我们习惯按照事情的紧急程度来判断工作的轻重缓急，愈紧迫的事，其重要性愈高，愈不紧迫的事，其重要性愈低。但是，在现实生活中的多数情况下，愈是重要的事偏偏不紧迫。例如期末考试、一个月后要交的一篇重要论文等等。如果我们习惯于按照事情的轻重缓急办事的话，可能会使原本重要不紧急的事必然会转化为重要又紧急的事，从而使自己经常处于危机或紧急状态之下。我们认为：处理事情优先次序判断的主要依据不是事情的"紧急程度"，而是事情的"重要程度"。所谓"重要程度"，即指对实现目标的贡献大小。我们也不应全面否定按事情"紧急程度"办事的习惯，只是需要强调的是，在考虑行事的先后顺序时，应先考虑事情的"轻重"，再考虑事情的"缓急"。

4. 制定规则

（1）在进行工作的时候，一定要牢记这个工作应于何时截止。

（2）即使外部没有规定截止的日期，自己也要树立一个何时完成的目标。

第四节　情绪管理

一、情绪

（一）情绪的定义

情绪是指人对客体是否符合自己的需要而产生的主观体验以及相应的行为方式。从概念上看来，情绪是通过需要为中介而产生的。客体引起情绪反应，但决定情绪性质和强度的并非客体本身，而是取决于客体与人的需要之间的关系。

（二）情绪的分类

《礼记》中提到了"七情"，包括喜、怒、哀、惧、爱、恶和欲；《白虎通》中提到了"六情"，即喜、怒、哀、乐、爱和恶。

从生物进化的角度来说，人的情绪可分为基本情绪和复合情绪。基本情绪是先天的，不需要学习，每一种情绪都有独立的生理机制和外部表现。基本情绪有四种，包含快乐、愤怒、恐惧和悲哀。

快乐是指主体所盼望的目标实现、紧张状态结束后的情绪体验。按照程度可分为满意、愉悦、欢乐、狂喜等。

愤怒是指个体的目标达成失败或是一再受挫而产生的情绪体验。按照程度可分为不满、生气、恼怒、愤慨、狂怒等。

恐惧是指个体在面对无法驾驭的危险情景或是在毫无防备的情况下遭受突如其来的刺激而产生的情绪体验。按照程度可分为惊奇、害怕、惊骇、恐怖等。

悲哀是指个体在所盼望的目标落空或是失去了有价值的东西时所引起的情绪体验。按照程度可分为遗憾、失望、难过、悲伤、悲痛等。

以上是四种基本情绪，而复合情绪则是由基本情绪的不同组合而产生的，不同的成分和程度，表示不同的情绪状态。

（三）情绪状态

情绪状态是指在某种事件或情境的影响下，在一定时间内所产生的某种情绪，其中比较典型的情绪状态有心境、激情和应激三种。

1. 心境

心境是指人比较平静而持久的情绪状态。心境对人的工作、学习、生活有很大的影响。积极良好的心境能使人精力充沛，乐观地面对困难和挫折，能够提高工作、学习效率，有益于身心健康；消极不良的心境能使人精神萎靡，意志消沉，不利于工作学习和身心健康。因此，努力培养积极心境，调节消极心境，对工作、学习和生活有着重要作用。

2. 激情

激情是一种强烈、短暂，具有爆发性的情绪状态，往往由对个体有重大意义的事件发生而引起。消极的激情体验对个体的活动具有抑制作用，使人的自控力下降，比如绝望带给个体的无力感，甚至失去生活的勇气，或引起冲动性的行为，之后却又满怀愧疚。当然，激情状态并不都是消极的，积极的激情体验常常与坚强意志相联系，比如在运动员获得成功后的激情体验，会在以后的竞赛中成为他努力的强大动力。

3. 应激

应激是个体在面对出乎意料的紧迫情况后急速产生的高度紧张的情绪状态。在应激状态下，个人的生理系统会发生剧烈变化，肾上腺素等分泌增加，机体活力增强，处于充分准备状态，以便应对危机。但如果长期处于应激状态，会对身心健康造成不利影响。

二、情绪管理的方法

人的情绪控制能力与学识高低并无直接关系，人在愤怒时，常控制不住"手劲"，一失手可能就是一生无法弥补的遗憾，甚至可能严重影响到一个人的命运，所以我们必须提高情绪的管理能力。管理情绪是一件非常重要的事情，是要做情绪的主人还是奴隶，完全取决于我们自己。

（一）正确觉察自己的情绪

当我们产生情绪时，表示生活中有事件刺激而至引发警报。与此同时，若我们能察觉到情绪的产生并认知情绪的种类，可以延缓情绪瞬间的爆发，并有针对性地管理，因而我们要时时刻刻提醒自己注意"我现在的情绪是什么"，特别是当我们发现自己的情绪异常时，要特别警觉。

（二）采取合宜的方式缓解情绪

情绪如同潮水，有潮涨就有潮落。有人认为，在情绪冲动时等待其退潮一定是一件很难的事，一定需要巨大的毅力与意志。其实不然，在情绪的把握上有时甚至只需要短短的几分钟和很简单的几个行为。

1. 转移注意力

注意力转移法就是把注意力从引起不良情绪反应的刺激情境中，转移到其他事物上去或去从事其他活动的自我调节方法。当出现情绪不佳的情况时，要把注意力转移到使自己感兴趣的事上去，比如散步、看电影、打球、下棋或找朋友聊天、换换环境等，有助于使情绪平静下来，在活动中寻找到新的快乐。

2. 适度宣泄

过分压抑只会使情绪困扰加重，而适度宣泄则可以把不良情绪释放出来，从而使紧张的情绪得以缓解、轻松。发泄的方法，如大哭、做剧烈的运动（跑步、打球等）、放声大叫或唱歌、向他人倾诉等等。

3. 自我安慰

自我安慰即阿 Q 精神。面对我们无法改变的现实，应学会安慰自己，追求精神胜利。这种方法，对于帮助人们在大的挫折面前接受现实，保护自己，避免精神崩溃是很有益处的。当人们遇到情绪问题时，经常用"胜败乃兵家常事""塞翁失马，须知非福"等管语来进行自我安慰，可以摆脱烦恼，消除抑郁，达到自我安慰、自我激励的目的，从而带来情绪上的安宁和稳定。

4. 自我暗示

自我暗示分消极自我暗示与积极自我暗示。积极自我暗示，在不知不觉之中对自己的意志、心理以至生理状态产生影响，令我们保持好的心情、乐观的情绪、自信心等。如不断地对自己默语："我一定能行""不要紧张""不许发怒"等。

5. 冷静三思

把脾气拿出来，那叫本能；把脾气压回去，才叫本事。那些不能控制情绪的人，给人的印象就是不成熟，还没长大。因为只有小孩子才会说哭就哭，爱耍脾气。如果这种现象发生在一个成年人身上，人们就会皱起眉头。所以，不管处于什么样的负面情绪中，先暂停、中断目前的情绪，跳出来让自己冷静一下，弄清楚事情的来龙去脉，增加情绪反应的选择性，明白当前所处的状态。"当你气愤时，要数到十再说话！"审慎三思，理智地面对当前的状况。

6. 改变思维，调整心态

情绪的发生是无法避免的，有时我们并无法完全了解我们的情绪从何而来；或是我们内在的需要不见得都有方法得到满足。这时候我们必须学习转换信念，反向思考问题。王安石曾有一首诗，与"情绪智慧"有关："风吹屋檐瓦，瓦坠破我头。我不恨此瓦，此瓦不自由。"这也就是一种思维的调整。只要心态正确，心情就会变好，情绪也会相对稳定。我们的情绪往往不是由事物本身引起的，而是取决于我们看待事物的不同思维方式。在不利的环境中，我们不妨换一种思维方式去思考，在不利之中，找出对自己有利的一面。若总是在不利的圈子里打转，那你就看不到光明，只会忧心忡忡，自寻烦恼。

我们不能决定生命的长度，但我们可以扩展它的宽度；我们不能改变天生的容貌，但我们可以时时展现笑容；我们不能企望控制他人，但我们可以好好掌握自己；我们不能全然预知明天，但我们可以充分利用今天；我们不能要求事事顺利，但我们可以做到事事尽心。改变心情是治标，调整心态才是治本，治标和治本要同时进行，但要提醒自己：只有采用治本的方法才能将情绪问题根本解决。只要改变我们的观念、心态，我们的情绪自然也就会相应改变。

三、大学生情绪的常见偏差与调适

大学生思维活跃，精力充沛，对外界总是充满了好奇与兴趣，渴望更多地体验丰富多彩的大学生活。可繁重的课程、激烈的竞争和不够成熟的自我发展，也使得他们容易产生情绪上的偏差，影响他们的正常生活。情绪的偏差表现在很多方面，其产生原因也有多种。

（一）焦虑

焦虑的调适：

1. 改变认知

我们应该意识到，焦虑者所担心的问题，往往不存在或者不太可能发生，能够认识到这一点对于改善焦虑情绪至关重要。

2. 重视当下

焦虑者常常处于这样的状态下，把当下的时间浪费在对未来的担忧上，而不去解决当下遇到的问题。

3. 积极行动

这一点与上面的重视当下相辅相成。重视当下帮助焦虑者能够意识到自己要把注意力放在当下的工作上，而积极行动则会促进现实问题的解决和加强重视当下观念的体验。

4. 学会吐露

在面对相似或相同的学业环境、生活环境和人际环境时，外向的同学能把不良情绪及时地释放或表达出来，身心得到宣泄和放松，而内向的同学则常常把不良的情绪压在心里，不怎么跟别人分享，使得消极情绪持续性地给其造成影响，身心变得脆弱。

（二）抑郁

抑郁的调适：

1. 多看事物的正面

学会掌握看待事物积极面的技巧，看到好的一面，就会有好的心态，就会觉得快乐。

2. 培养积极的自我暗示

有意识的、积极的自我暗示是克服不良心理状态、提高自身积极状态的有效办法。

3. 培养兴趣，学会转移注意力

合理的爱好，可以引发对生活的兴趣。

（三）自卑

大学生的自卑主要表现为：自我评价过低，认为自己明显不如别人；非常敏感，对于有关自己的言行容易警觉，尤其是当把自己与他人进行比较时，甚至将别人与自己无关的言行也认为是别人对自己的轻视；习惯性掩盖，对自己认为的缺陷进行掩饰，表示不让别人看到就好；封闭自己，逃避现实，采取自我封闭、回避与人交流的方式来避免他人看到自认为的缺陷。

自卑的人有时也会表现出与其本质相反的特点—自尊心过强。过分的自卑会通过过分的自尊来表现，尤其是当退让回避的方式不能减轻自卑痛苦的时候，会用争强好胜的态度来应对一些问题。过分自尊的人比任何人都不愿意被别人发现自己的内心想法，为了避免别人的接近，他们通常表现出高傲，难以接近，不愿意跟人接触的行为；他们常常抱怨别人的不是，认为自己是最正确的，始终保持自己的权威。过强的自尊和过强的自卑都会影响到大学生的正常生活。

自卑的调适：

1. 清醒认识自己

这是调适自卑心理的基础，也是改善自己状态的动力来源。要学会欣赏自己的长处，接纳自己的短处，做最真实的自己，最后要宽容自己的不足，对未来自己的改变要有耐心、有信心。

2. 积极体验成功

从简单容易完成的事件入手，在收获了成功的快乐之后，再去完成下一个有难度的目标。随着自信心的逐步提升，再去完成难度大、意义重要的事件，通过不断完成任务，取得成功来恢复和巩固自信心。

3. 漏走消极信息

人对外界事物的接受能力是有限的，当我们面对大量涌入生活的各种信息，信息的选择显得尤为重要，漏走消极信息就是调适自卑的有效方法。

第五节　压力管理

一、正确认识压力

（一）压力的定义

压力概念最早出现在物理学上，是指垂直作用于物体表面的力，或者外力作用下物体发生形态上的变化，这里的压力是指物理压力。而我们现在所讨论的压力主要是指心理压力。

国外的学者们从不同的角度提出了压力概念的内涵和外延。如塞利（Selye）把压力定义为任何需要所产生的一种非特殊性的反应，后来借指人类面临的困境与逆境。拉扎鲁斯和福克曼（Lazaras&.Folkman）认为压力是当一定的事件和需要承担的责任超过个人应付能力时，由焦虑所引发的一种状态。恩曼（Fineman）认为压力是个体对威胁或危险的认知及反应，希金斯（Higgins）等认为压力状态是个体的内心产生不平衡的状态。而杰瑞德·科里（Gerald Corey，1990）的解释较易被一般人接受：压力是单一或连续引起身体及心理紧张的事件。

我国学者车文博认为压力是指个体的身心在感受到威胁时所产生的一种紧张状态，压力（Stress）也可称为"应激""紧张"。①张春兴指出：心理学上的压力一词有三种解释：

其一，指环境中客观存在的某种具有威胁性的刺激；其二，指由某种具有威胁性的刺激引起的一种反应组型，只要类似的刺激一出现，就会引起同类的反应；其三，指刺激与反应的交互关系：个体对环境中具有威胁性的刺激经认知其性质后所表现的反应。

由此可见，压力是由一定的刺激事件所引起，个体认为刺激事件已经超出了可控范围时所体验到的一种身心紧张状态，它引起当事人一系列生理上的变化。

（二）大学生的压力源

当代大学生处于社会经济、政治深化变革的时代，社会的高要求和自身的高抱负使当代大学生更易感受到很大的压力。国内外从 20 世纪就已经开始关注大学生的压力问题。国外的研究发现，大学生压力源主要来自这几个方面：学习、社会、情绪或个人；国内朱逢九的研究指出，当今大学生的心理压力主要是由大学生活、个人成长和社会大环境所造成的；张林，车文博，黎兵的研究发现，大学生心理压力主要有两方面：一种是个人压力（家庭、健康、恋爱、自卑、适应、挫折），另一种是社会环境压力（人际、学业、择业、情绪、学校环境）。

综合国内众多心理学工作者对我国大学生压力源的调查分析，当代大学生的压力源可以概括为以下几个方面：

1. 学业压力

顺利完成学业是大学生面临的首要发展任务，因此期末考试、资格考试、学位考试等仍是令大学生感到负担的学业任务。学业压力常表现为考试焦虑、失眠、注意力不集中、记忆力减退等。

2. 适应大学生活的压力

近年来，大学生因不能适应新生活而退学，因专业不理想而重新高考或是干脆放弃上学的例子屡见不鲜。经分析后不难发现，许多新生没有足够的经验和能力来适应全新的学习和生活，在心理方面也缺乏一定的准备。有些人甚至根本不认同自己所选择的专业，无法激发学习热情，再加上突然远离亲人，远离被照顾的环境，一切都需要自己去负责的时候，就不免感受到压力。

3. 人际关系的压力

在大学里，性格迥异的学生们来自不同地区、家庭，大家同住一室、同在一间教室、同在一个社团，难免会有摩擦和冲突，如果这些日常的小问题没被适当及时地沟通解决，日积月累就成了大问题，就会影响心情和生活。

4. 成长方面的压力

由大学生自身发展而导致的压力是大学生的压力源之一，也叫个人成长压力。首先是社会成长方面的压力。虽然大学生很重视个人交往能力的锻炼，但由于缺乏一定人际技巧，所以常常处理不好人际关系。有人以自我为中心，总认为别人在干扰、侵犯自己；有人以他人为中心，总是想取悦、迎合他人，对别人提出的要求不会说"不"，而且也不去争取他人的支持和帮助。这两个极端状况都易给大学生造成一定的心理压力。

其次是来自情感方面的压力。对于性生理发展已经成熟的大学生们，他们一方面感受到来自性的自然冲动，另一方面却有相当一部分人对它持否定、批判和回避的态度，从而产生相应的性心理压力。另外，由于失恋或相关情感问题，如"追求恋爱对象失败""未婚同居"等导致的压力也会严重影响其情绪。

最后是自我成长方面的压力。如今的大学生追求个性化、独特化的精神，这其实是自我意识发展、自我完善、自我塑造的方式。但是人人都想保持美好的形象、独特的个性，希望能够在行为举止、学习成绩、道德品质上优于他人，因此，难免出现了激烈的竞争和攀比行为的发生，这样就导致了压力的产生。

5. 前途方面的压力

急剧变革的社会环境、日益加快的生活节奏、身不由己的名利竞争，给人们带来了空前的压力。由于年轻，没有足够的竞争力，现实与理想之间的差距给大学生造成了压力，这样的压力是弥散性的、渗透性的和潜移默化的。这种压力就直接体现为大学生对未来前途生涯的担忧和焦虑，是一种很现实的压力。

6. 经济方面的压力

在大学，部分学生来自较贫困的地区或家庭，他们是借助学校的勤工助学活动自筹学费和生活费的，但面对富裕学生的高消费和社会上越来越多奢侈品的诱惑，他们想提高生活质量就不得不面对更大的经济压力。有的人在学生时代就不停地做兼职，他们为了赚钱，甚至严重影响了学业和身心健康。

二、压力的正面作用和负面影响

（一）压力的正面作用

有一个著名的"感觉剥夺实验"是这样的：贝克斯顿（Boxton）在美国麦吉利大学募集了许多大学生志愿者，让这些志愿者每天躺在床上睡觉，并有每天20美元的酬劳。他们可以自己决定何时退出实验。这种毫无压力的生活看来应该是惬意的，还有钱可以拿。

而实际情况怎么样呢？大多数志愿者在实验开始后24—36小时内要求退出，没有人坚持72小时以上。在试验期间，他们由惬意的睡眠渐渐变为厌倦和不安，而后开始唱歌、吹口哨和自言自语，直至有幻觉出现。可见，压力是普遍存在的。

当学校放暑假或者工作中放长假，人们开始时候感觉很舒服，但是时间一长，有点无所事事了，反而觉得很不舒服，希望能尽快回到之前忙碌点的生活中。这个例子很容易表明，一点压力都没有，并不会让我们有非常幸福的感觉。

没有压力，就没有成长；有了压力才有了驱动力。比如，当你有了欲望或出现紧迫感的时候，压力就随之而来，人生潜能也会得到更大发挥。同时，有压力说明你还没有放弃自己，人生轨迹还朝着你的目标前进。这就是压力的正面作用。

（二）压力的负面影响

压力的结果既可以是正面的，也可以是负面的，这取决于压力的大小和一个人对压力的承受程度。一个处于长期压力之下的人就像一个齿轮转动过高的汽车，引擎会过早报度，我们的身体也同样如此。压力过大的负面影响会依次在人的心理、生理、行为等方面反映出来。

1 压力过大的心理症状

①焦虑、紧张、迷惑、烦躁、敏感、喜怒无常；②道德和情感准则削弱；；③感情压抑，兴趣和热情减少，厌倦工作；④意志消沉，自信心不足，出现悲观失望相无助的心理；⑤短期和长期记忆力减退；⑥精神疲劳，错觉和思维混乱增加。

2. 压力过大的生理症状

①心率加快，血压增高；②身体疲劳，肌肉紧张；③汗流量增加，强心，胸闷，头痛；）睡眠不好，精神萎靡，注意力很难集中；⑤皮肤干燥、有斑点和刺痛（皮肤对压力特别敏感）；⑥消化系统问题，如胃痛、消化不良或溃疡扩散。

3. 压力过大的行为症状

①工作懈怠，能力降低，错误率增加；②放纵自己，自暴自弃；③没胃口，些得少，体重迅速下降；④孤解、抑郁、自闭、烦躁不安；⑤冒险行为增加，包括不顾后果的驾车和赌博；⑥攻击、侵犯他人，破坏公共财产；⑦与家庭和朋友的关系恶化；⑧自杀或企图自杀。

三、压力管理的方法

（一）压力诊断

根据"压力过大的负面影响"的各种症状来诊断自己是否压力过大。同时，还应了解"目前我的压为有哪些""我最大的压力是什么"，以便有针对性地缓解压力。确切地说，到底是什么压垮了你？是工作，是家庭生活，还是人际关系。如果认识不到压力的根源所在，就不可能解决问题。

（二）压力缓解

高压锅为什么要有减压阀？这个道理很简单，压力锅也是有压力限制的，压力大了它就会炸锅，而减压阀的作用就是将较高的压力减小到所需要的合适压力。同理，当我们压力大时，首先也要立即启动我们的"减压阀"，先释放部分压力，以避免"炸锅"。每个人都有适合自己的减压阀，我们列举几个方法做参考：

1. 休息片刻，呼吸一下新鲜空气

一天中多进行几次短暂的休息，做做深呼吸，呼吸一下新鲜空气，可以使大脑放松，防止压力情绪的形成。千万不要放任压力情绪的发展，不能使这种情绪在一天工作结束时升级成能压倒你的工作压力。

2. 转移并释放压力

让自己暂时躲开压力源，去做一下体育运动或者去 KTV 吼两嗓子，这能很好地将压力转化并发泄出来，之后会感到很轻松，不知不觉间就可以把压力释放出去。或者给自己放假一天，彻底放松一下。

3. 找信得过的朋友聊一聊

或许你不喜欢把脆弱的一面展示给别人。但是，把所有的抑郁埋藏在心底只会令自己郁郁寡欢，有时候把你的烦恼跟信得过的朋友聊一聊，这样效果会很好。一是你倾诉本身就会让你的心情感到舒畅；二是与朋友们交换一下近况，你会发现，自己那点事算啥，可能别人的烦恼比你大多了，从而自己也就觉得没有什么了。

进行初步减压之后，就要正式面对压力源。要勇敢地面对存在的问题，进行深入、具体的分析，并寻找解决方案。"兵来将挡，水来土掩"，问题来了莫怕，攻克它就是。要努力争取以最有效的方式处理外界要求，将负面压力转为正面动力。

（三）抗压能力提升

每个人的抗压能力都是不同的。对于企业来讲，更欢迎那种抗压能力强的员工。因此，做好压力管理，除了减压之外，我们还要增强自己的抗压能力。

1. 做好时间管理，让生活井井有条

有条不紊、井然有序的日程安排可以消除紧张情绪，也可以帮助你完成大量的工作。如果我们无法同时面对千头万绪的事情，可以在一时间段内只做一件事。依据美国心理辅导专家乔奇博士发现，构成忧思、精神崩溃等疾病的主要原因是患者面对很多急需处理的事情，精神压力太大而引起精神上的疾病，要减少自己的精神负担，不应同时进行一件以上的事情，以免心力俱疲。

2. 养成健康的生活习惯，发挥减压阀的作用

每个人都可以设置自己的减压阀，但很多人往往沉浸在压力中不可自拔。如果能够平衡工作和休息的时间安排，经常锻炼身体，避免精神和体力上的过度疲劳，自然能够提高自己的抗压能力。比如，据研究表明：10 分钟的散步能带来随后两个小时的充沛精力，并使紧张感和疲劳感减轻。

三、给进行职业生涯管理的大学生的一些建议

1. 使用生涯规划档案

经过前面各章节的探索，你可以将所有的资料整理在自己的生涯规划档案中。这个档案将帮助你系统地记录所有的探索资料，进一步确认、明确目标与行动。前面我们讲到生涯规划是一辈子的事情，所以完成了本书所有的内容，填写了自己的生涯规划档案，只是生涯探索的开始。认识自己是一件不容易的事情，一方面，需要在实践中不断思考；另一方面，环境在随时变化，所以你至少每年要回顾一次自己的生涯发展，思考这是不是你想要的人生。如果继续这样的工作和生活，你的感受如何？如果继续什么或者改变点什么可以保持更好的感觉，那么，你应该做一些生涯满意度的调查，反思一下自己的发展。再看一看自己的生涯规划档案，如果必要的话，考虑一下哪部分的自我探索需要重新做？目标和行动计划可以作何调整？为你的生涯规划档案增加新的页数，把这些变化记录在上面，供你以后参考。

2. 了解自己，运用已有的资源

每个人都是这世上独一无二的。只有真正了解自己、欣赏自己，才能最大限度地善用自身的资源，发挥自己独有的才能。只有在自尊的基础上，才能做到为自己负责；为自己负责，才会对职业生涯进行探索、规划和管理。一个人只有自爱，才能真正做到尊重他人，并与他人发展有意义的亲密关系。这不仅是工作中人际关系的基础，也是建立人际支持系统、获取和利用更多资源、寻求职业发展的基础。

就像我们在"技能"部分所讲的那样：其实每个人都有很多资源，从小到大积累了各种各样的技能。我们要学会从已往的经历中寻找资源，将自己已有的技能迁移，运用到新的情景中。比如，适应新环境和新规则，并不只是我们在从校园到职场的过程中才遇到的挑战。在过去，我们是如何适应从小学到中学、又从中学到大学的挑战的呢？这中间不乏可以迁移的成功经验。

3. 作好开始前的准备

在开始工作前，先花点时间了解相对眼前的工作自己有哪些弱点，看看什么地方可能妨碍你日后事业的成功。比如，你可能不太擅长在公众场合发表意见，也可能对公司从事的业务不太熟悉。那么，现在就是你做做"家庭作业"、弥补这些欠缺的时候了。

你最好在开始工作前对自己将要去的工作单位作深入的了解。你可以通过网站搜集信息，也可以与你认识的人交谈、实地考察等。这些均有助于你熟悉情况，做必要的准备，更快地进入角色。

和前几届的毕业生交谈，也会有所帮助。因为他们刚刚经历了由学校到社会的转变。可以了解一下他们的经历：在这一转变过程中，他们感到最困难的是哪些方面？他们能给

你什么好的建议吗?

4. 与上司和同事相处

在现代社会,人际交往的能力成为个人最重要的能力之一。但是,要注意区分你的私人生活与职业生活,不要将它们混淆在一起。

避免"办公室政治"。不要参与散布流言蜚语,对所有的同事都应当彬彬有礼。

如果你和同事发生冲突,要学会以建设性的方式来解决。后退一步,考虑一下你在这件事中所扮演的角色,然后与对方私下会谈,寻求双方的共同之处和解决途径。

在公司内发展人际关系网会非常有益。当然,这并不是建议你去拉帮结派。与一些有共同兴趣爱好的人发展一种更深层次的关系,不仅可以得到工作中所需要的支持和鼓励,还能掌握更多的信息和资源。所以,设法寻找资格较老、愿意担任你"导师"的人,他们可以在事业上给予你指点和帮助。

5. 在最初的日子里取胜

最初的几天可能会是艰难的:有许多从未谋面的人要认识,大量的新信息要记住——这时,你要尽可能保持镇定。这几天你得额外地努力,做一些乍看上去很困难的事,别害羞!比如,向别人主动介绍自己,甚至邀请同事共进午餐。

上下班时间也很重要。在办公室多花一点时间,不仅对迅速掌握新工作的任务和要求很有帮助,还能让你的上司和同事知道你是一个勤勉的人。

等你逐渐适应了新的工作环境之后,就可以积极寻找机会,主动报名参加某个项目了。愿意花时间做分外的工作,这将使你从众多的雇员中脱颖而出。

犯错误是不可避免的,领导们通常也不期望新雇员将一切事都做得十全十美。因此,当你出错时,不要灰心丧气,要原谅自己。不过,你应该及时沟通,勇于认错,从错误中学习,保证以后再也不犯同样的错。改变自己能改变的,接受自己不能改变的,最重要的是自己愿意成长和改变!

在纷繁芜杂的生活中,别忘了思考和辨别自己的需要及优先次序,保持你长远的人生目标。记住,每一份工作都是朝着你最终的职业目标所迈出的一小步。即使你现在所做的工作与自己的梦想风马牛不相及,也总会教给你一些有益的东西,只要你准备好:去学习、去勇敢地迎接新的挑战。

第五章　创业教育

21 世纪是知识经济时代，是一个充满机遇和挑战的时代。我国的社会主义市场经济体制日趋成熟，中华大地呈现出无限生机，为自主创业的有志青年开创了大显身手的广阔天地。创业是这个时代最具魔力的话题，是对传统就业观念的一种挑战，是全新的、更高层次的就业形式。

大学生富于想象、敢于创新、勇于奋斗，构成了我国创业者队伍中一道亮丽的风景线。让我们充分运用自己的学识智慧、创业精神、创新品质和市场才能，迎接挑战，奋勇拼搏，去成功开创属于自己的事业！

但是创业是一个善于发现并把握机会、努力付诸实践的过程，一个企业从无到有，从小到大，每一步都充满艰辛和坎坷，不仅需要勇气和智慧，更需要相关的知识、能力和创业所必备的素质。

第一节　创业的内涵和意义

一、创业的内涵

创业研究在 20 世纪 80 年代开始兴起并得到迅速发展，已成为国际上一个新的学术研究领域。在我国，近十几年来，创业研究，尤其是大学生的创业教育得到了高度关注和飞速发展，许多高校相继开设了创业管理和创业教育课程。随着国内外研究的不断深入，创业和创业者的内涵更加丰富，概念也更加明晰。

1. 创业的概念

辞海中对"创业"的解释是：开创建立基业、事业。这个"业"指的是社会各个层次的各行各业，涉及政治、经济、文化等社会各个领域，具有普遍性。"创"强调的是开拓性和创新性。

现代创业教育中，这个概念则与经济事物息息相关，所指关系比较明晰。发达国家的创业学家认为创业是一个创造、增长财富的动态过程，是一个发现和捕捉机会并由此创造出新颖的产品或服务并实现其潜在价值的过程。也就是说，创业是通过创业者把已有的产品、服务或创意进行加工开发，组织生产，策划营销，开拓市场等一系列运作，最后成为经济事业，使组织或个人增长财富的过程。

目前国际主流学术界对"创业"的概念具有代表性的表述主要有：

（1）荣斯戴特（Robert C.Ronstadt）曾这样定义创业："创业是一个创造增长的财富的动态过程。财富是由这样一些人创造的，他们承担资产价值、时间承诺或提供产品或服务的风险。他们的产品或服务未必是新的或唯一的，但其价值是由企业家通过获得必要的技能与资源并进行配置来注入的。"

（2）斯蒂文森（H.H.Stevenson）强调了创业的过程："创业是一个人——不管是独立的还是在一个组织内部，追踪和捕获机会的过程，这一过程与其当时控制的资源无关。"并进一步指出：有三个方面对创业是特别重要的，即察觉机会、追逐机会的意愿及获得成功的信心和可能性。

（3）1997年，美国百森商学院和英国伦敦商学院联合发起了"全球创业检测"项目，此项目把创业定义为："依靠个人、团队或一个现有企业，来建立一个新企业的过程，如自我创业、一个新的业务组织或是一个现有企业的扩张。"

（4）华盛顿大学的 Vesper 教授给出的定义是："创业就是商业进入，不管该方式是通过创建新企业还是收购，也不管该行为是独立的还是发生在现有企业内部。"

（5）复旦大学教授郁义鸿等认为："创业是一个发现和捕获机会并由此创造出新颖的产品、服务，实现其潜在价值的过程。

（6）上海财经大学宋克勤在其《创业成功学》一书中给创业定义为：创业是创业者通过发现和识别商业机会，组织各种资源提供产品和服务，以创造价值的过程。

综合以上各种观点，我们认为：创业就是创业者发现和把握机会并由此创造出新颖的产品或服务以满足社会需要和实现其潜在价值的过程。创业者就是善于发现和把握机会并由此创造出新颖的产品或服务以满足社会需要和实现其潜在价值的人。

通常可以把创业分为三个层次。一是开创新的职业，这是最高层次的创业。社会上的各行各业，都是从无到有，从小到大，由人开创出来的。比如随着电子技术的发展，人们开创出各种各样的新兴行业，如电子通讯业、网络营销、电子游戏开发等；为了适应现代家庭生活的需要，家政服务业应运而生。二是创建就业岗位，人们不应仅想到现成的工作岗位，还应主动大胆地自己创建岗位。如几个人合资创办一个企业，或开一个商店；自筹资金买车跑运输等，也算自己创立了就业岗位。三是创造辉煌业绩，主要在本职工作岗位上不断拼搏奋斗，在某些方面有一定突破，创造了新的更高的业绩，为社会做出了巨大的贡献并创造了辉煌的个人成就。

2. 创业与创新，创业与就业的关系

创业与创新是两个既相区别又相联系的概念。创新主要体现在对现有事物的更新改造过程中，它是建立在创造结果的基础上，并以此为依据对某一具体认识领域的再认识和再发现的过程。创业则是在创新的基础上，把创新应用于技术、制度、管理等方面，产生出一定的经济效益。因此，创新是创业的基础，没有创新，就谈不上真正意义上的创业。

创业是创就一番事业，就业是从事一项职业，两者有共同点，但也有本质的区别。一方面，创业和就业都必须以职业为依托，获得劳动收入，以满足生活的精神和物质需求，在这个意义上来说，创业属于就业的范畴。另一方面，创业最大的特点是具有创新性，往往能开创出新的职业，是主动地寻找资源、创造资源；而就业则是在已有的职业中运用资源。所以，创业具有比就业更高的层次。

3. 创业者

创业者一词由法国经济学家Cantillon于1755年首次引入经济学。1880年，法国经济学家萨伊（Say）首次给出了创业者的定义，他将创业者描述为将经济资源从生产力较低的区域转移到生产力较高区域的人，并认为创业者是经济活动过程中的代理人。著名经济学家熊彼特则认为创业者应为创新者。香港创业学院院长张世平给出的定义是：创业者是一种主导劳动方式的领导人，是一种无中生有的创业现象，是一种需要具有使命、荣誉、责任能力的人，是一种组织、运用服务、技术、器物作业的人，是一种具有思考、推理、判断的人，是一种能使人追随并在追随的过程中获得利益的人，是一种具有完全权利能力和行为能力的人。

当前，国内外许多学者将创业者的定义分为狭义和广义两种。狭义的创业者是指参与创业活动的核心人员，尤其是核心的技术专家。事实上，很多创业活动最早都是由拥有某项特定成果的技术专家发起的。广义的创业者是指参与创业活动的全部人员。在创业过程中，狭义的创业者将比广义的创业者承担更多的风险，也会获得更多的收益。

创业者是创业的主体，可以是一个人，也可以是一个团队。创业对于创业者来说就是一种行为。创业者必须付出努力、时间、精力和金钱，承担个人钱财、声誉及放弃其他工作机会等风险从事创业活动，在创业过程中起着关键的推动和领导作用，包括商业机会的识别和把握、企业组织的创立、融资、产品创新、资源获取和有效配置及运用、市场开拓等。当然也能够获得物质上的回报、心理上的享受和个人的自我实现。创业者可能开创了某种新的职业，提供了新的就业岗位，创造了辉煌的个人成就。其中，开创新的职业被认为是最高层次的创业。创业者的素质和经验直接决定创业的成败。风险投资家选择投资项目时，首先评价的要素就是创业者及其组建的团队，然后才是技术先进性、产品独特性和市场潜力及赢利前景等因素。

二、创业的意义

大学生创业是适宜的创业环境和做好创业准备的大学生相结合的产物。一方面，现代知识经济的发展要求富有冒险和创新精神的年轻大学生担负起创业的历史重任。另一方面，大学生创业也是解决当前就业困难的客观要求。因此，大学生创业对国家经济发展和个人价值的实现都有着十分重要的意义。

1. 创业是解决就业矛盾的最积极有效的方式

中国融入全球经济，进一步加快了工业现代化发展进程，同时也凸现出就业矛盾。

2017年全国高校毕业生795万，比2016年增加30万人，2018年高校毕业生将达到820万，预计今后三年内还将继续增长。再加上农村人口大量向城市转移需要就业，城市待业青年、下岗职工再就业等，我国的就业形势十分严峻。

面对我国劳动力总量供大于求、就业压力巨大的现实，要实现我国充分、合理的就业，减少社会失业，除了继续保持较快的经济发展速度，提供更多的职业岗位，并大力发展职业教育和培训，向已有的职业岗位输送具备必需的职业资格的劳动者外，还应大力提倡自主创业，特别是大学生自己创业。这样才可更快地为社会创造更多的就业岗位，解决更多的就业人员。

创业是最积极的一种就业形式，是发挥劳动者自主性、能动性就业的重要途径。创业还具有带动更多就业的"倍增效应"，在我国劳动力供大于求矛盾长期存在、社会投资吸纳就业有限的情况下，弘扬劳动者的创业精神，依靠劳动者自主创业、自筹资金、自主经营，创造更多的就业机会，具有重大的现实意义。这对建立中国就业新格局、新机制也具有深远意义。

首先，要加强创业观念教育和典型引路的做法，使更多劳动者通过建立自强自立、自主创业、敢于创新、不怕风险等理念，奠定创业的思想基础，并在社会上形成尊重创业、支持创业、宽容失败的氛围。其次，要落实好国家支持自主创业的政策，鼓励和帮助劳动者创业。建立健全从产业政策、所有制政策、税收政策、金融政策等方面构建的支持创业政策体系。第三，要加强对健全完善包括开业指导、创业培训、金融服务、信息服务、市场拓展服务、企业孵化等支持创业的服务体系，支持劳动者自谋职业和自主创业，促进以创业带动就业的实现，形成全民创业的风气，使创业这一促进就业积极有效途径成为中国经济和就业新的增长点。

2. 创业是促进科技进步和经济发展的源动力

科技是第一生产力，但要发挥出这一生产力的作用，一是要促进技术创新的发生；二是要促进科技成果快速顺利地转化为现实的生产力。创业在这两方面都发挥着重大作用。

有资料显示，二战以后，美国50%的创新，95%的根本性创新是由小型创业公司完成的。

无论是高新技术产品（如计算机软件），还是一般的民用产品，其新品种的三分之二是由个体企业发明的。日本的研究也表明，一半的企业创新是由小企业完成的。而且，新企业不仅创新效率高，创新商品化效率也高。如果把创业比作经济发展的发动机，创新就是发动机的汽缸。

目前，我国的许多专利技术都停留在纸上，没有转化成产品，没有转化成社会财富。我国的企业管理水平和市场水平都还处在较低的阶段，需要有志之士努力创业，大力提升。我国还有许多不发达的农村地区，有的地方还处于贫穷落后状态，需要有人去带领他们走出困境。这个过程需要大量的创业人士去帮助他们提高素质，为他们创造就业机会。

创业者不仅促使科技成果快速转化为现实的生产力，而且催生了大批的新企业，创建了许多杰出的公司，甚至领导了全新的行业。这些新行业改变着整个经济结构，新行业代替老行业贯穿于世界经济发展的全过程，并且频率越来越快。

3. 创业为社会培养一大批创新型中坚力量

创业是非常艰难的，它使"天之骄子"的大学生们学会如何面对激烈的市场竞争，迎接经济全球化的挑战。对于年轻的大学生来说，一次创业的失败并不意味着什么，未来发展的机会还有的是，最为关键的是创业的挫折、困难、失败给学生的磨炼是在其他环境中难以得到的，而这恰是人生路上极为珍贵的财富。

创业活动是重要的锻炼人、培养人的过程，能够有力提高学生的素质和能力。一个成功的创业者，至少应该拥有以下几个方面突出的能力和素质：管理领导能力，能够团结领导他人一同奋斗；开拓创新能力，在知识经济时代，科学技术的发展日新月异，创新是大学生立业之本；艰苦创业精神，创业是相当艰苦的，大学生创业几乎就是"白手起家"；责任心和风险意识，创业并不意味着成功，而是要冒很大的失败风险。另外，在创业的摸爬滚打中，还能逐步积累大量的商业、法律、社会知识，提高文明素质。可以说，创业活动也是一种"学习"过程，是一个培养创新型人才的十分有力的素质教育过程，必定会为社会培养出一大批中坚力量。

4. 创业促进全新教育观和成才观的形成

在以前，许多大学生只希望毕业后找个安安稳稳，条件优越的工作，很少想到自己创业当老板。而现在，创业概念的出现，给传统的成才观以猛烈的冲击。在新的社会环境中，大学生对未来的选择呈现出多元化。创业可以作为未来的一种就业选择，势必对大学生的学习和生活都会产生深远的影响。他们将重新设计自己的成才之路，并做好相应的准备。大学生在创业意识的推动下，将更加重视自身素质的完善和提高，而大学生群体整体素质的提高则有利于更优秀、更成熟的创业者诞生。

同时，大学生创业的需要给教育也提出了挑战，一是大学生创业中出现的问题，暴露了传统教育存在的弊端；二是社会和学生对创业的需求，要求对教育及时进行改革。

我们首先要转变教育观念，树立以创新为重点的教育思想，立足于培养学生的创新精神和创业能力。创新在未来人才的素质中居于重要地位，是21世纪素质教育的重要目标。实施创新教育是新世纪高等教育改革迈上一个新起点的重要标志。提倡创新教育，需要注重课程体系改革。我们要以培养学生的创造性思维、自学能力、人格品质、实践能力及个性发展为目标，从课程内容和课程结构两方面来进行改革，要实现"认同性"课程向"创造性"课程的发展、"专业化"课程向"综合化"课程的发展、"统一化"课程向"多样化"课程的发展。

5. 创业最能体现人生价值和个人能力

创业本领有助于人们更好地适应未来的生活及实现人生价值，创业是人的自身价值的最高体现。

人作为"意志实体"，表现在能不能按照自己的意志支配时间，生命是由时间构成的，支配时间就是支配生命。把生命作为自己独立意志所支配的对象，自己做自己生命活动的主人，去追求为自己认定的价值目标，是理解人生价值的根本点。从这一观点出发，可以把人的潜质外化为四个特点——自主、自律、自强、自立。自主是自己做主，把自己作为一个主体存在，按自己的意志行事，走自己的路，做自己愿意做的事，按照自己的意志支配时间；自律是自我约束，服从自己选择的人生目标，有计划、有步骤地付诸实施，吃苦耐劳不怕牺牲，求真务实追求效率，在对现存结论的怀疑中，在发现和探索中获得快乐及满足；自强是使自己强大，要把自己的事情做得最好，有挑战新目标的强烈愿望，愿望的背后是不满意现在的自我，要在转化人类智慧为自我力量中，去追求更强的自我；自立是人格的独立，崇尚靠自己的奋斗，靠真才实学独立于世，寻求发挥自己能力的广阔空间，不喜欢同情和恩惠，喜欢公平竞争。

创业过程正是不断强化和发展自主、自律、自强和自立这四个特质的过程。由此可见，敢不敢创业，能不能创业，是人之为人的重要标志和证明，是对人特有本性的最有力挑战，是人生价值和个人能力的最佳体现。

第二节　创业精神和创业素质

一、创业意识的养成

创业者要能够成功创业，首先必须有创业意识和创业精神。杰出的成功者的环境、条件、机遇和能力等可能千差万别，但他们有一个共同的特点，那就是具备强烈明晰的创业意识和敢为人先的创业精神。

所谓创业意识，就是指创业实践活动中对个体起作用的个性意识倾向，是创业者内在的强烈需要和驱动力，主要包括创业的需要、动机、理想、信念和世界观等心理成分。创业意识支配着人们对创业实践活动的态度和行为，规定着创业态度和创业行为的方向及强度，具有较强的能动性，是创业基本素质的重要组成部分。

创业需要是创业活动的最初诱因和最初动力，如果没有创业的需要，就决不可能产生创业行为，也绝不可能形成更高层次的创业意识。但仅有创业需要，也不一定有创业行为，只有当创业需要上升为创业动机时，才能形成创业者竭力追求和获得最佳效果及优异成绩的心理动力。创业动机就是推动创业者从事创业实践活动所必需的积极心理状态和动力。有创业动机的人，当具备一定的诱因时，他就会有所行动。

创业理想是创业意识的高级形式，是创业者对未来奋斗目标向往和追求的、较为稳定和持久的心理品质，是人生理想的组成部分。有了创业理想，创业意识就有了具体明确的指向，创业行为就会充满朝气和活力，它能帮助人们克服一切困难和挫折，向着既定目标前进。创业信念是指坚信创业理想能够实现的信心，它是创业者从事创业活动的精神支柱，能使人产生克服艰难险阻的大无畏精神，使人坚持不懈，勇往直前。创业理想能够促进创业信念的形成，有了创业信念，以创业信念为支撑的创业理想就具有了稳定而坚实的精神基础。

创业世界观或创业指导思想，对创业主体的整个精神面貌具有极其重要的影响，它决定了创业主体个性和人格的总体面貌及发展方向，调节和引导着创业主体的思想方式及行为方式。

创业是青年人，特别是当代大学生自立人生、实现理想的重要途径，强烈的创业需要是年轻一代走向成熟的标志。今天的大学生必须从充满浪漫的生活幻想中走出来，有意识地用自己的双手去创造美好的生活。创业是艰辛的，市场竞争是十分激烈的，新一代的大学生要有所准备，在大学期间就要培养自己强烈的创业意识。

第一，学好专业知识是培养创业意识的摇篮。学习的目标是拥有创业所需的大量知识，并能够学以致用。当你对自己的创业有一个明晰的意识时，就要特别强调围绕这个意识去掌握一门学科的内容，也就是说学到一个具体领域中特别的知识本领。通过专业学习，提高自己的创业本领，使创业兴趣更加浓厚，创业理想更加明确，创业信念更加坚定。

第二，正确认识社会，树立科学的世界观和发展观。人类的意识是由社会各种因素的影响所塑造而成的，对社会的深刻认识和改变现状的愿望，是诱发强烈创业动机的根源。取之于社会的经验智慧是属于我们的宝贵精神财富。当代大学生要积极自觉地将所学知识与社会实践结合起来，正确认识社会，树立科学的世界观和发展观，才能培养顺应时代的创业动机和创业理想，会让你终身为之奋斗，矢志不渝。

二、创业精神

1.创业精神的内涵

创业精神是一个过程，即某个人或某个群体通过有组织的努力，以创新的和独特的方式追求机会、创造价值和谋求增长，不管这些人手中是否拥有资源。创业精神包括发现机会和调度资源去开发这些机会。关于创业精神的定义包括三个重要的主题，一是对机会的追求，创业精神是追求环境的趋势和变化而且往往是尚未被人们注意的趋势和变化；二是创新，创业精神包含了变革、革新、转换和引入新方法——即新产品、新服务或是做生意的新方式；最后一个主题是增长，创业者追求增长，他们不满足于停留在小规模或现有的规模上，创业者希望他的企业能够尽可能地增长，员工能够拼命工作。因为他们在不断寻找新趋势和机会，不断地创新，不断地推出新产品和新的经营方式。

江泽民同志在全国人大八届一次会议上提出了要倡导的创业精神就是："解放思想，实事求是；积极探索，勇于创新；艰苦奋斗，知难而进；学习外国，自强不息；谦虚谨慎，不骄不躁；同心同德，顾全大局；勤俭节约，清正廉洁；励精图治，无私奉献。"这也是我们的民族精神和时代精神。由此可见，创业精神的内涵包括：科学精神、学习精神、拼搏精神、创新精神、务实精神、合作精神和奉献精神。

（1）科学精神和学习精神。当前，知识量爆炸式增长，生产技术日新月异，市场竞争异常激烈。创业者必须善于学习，边学边干，并能充分运用所学知识进行技术创新、经营策划。决策要有理性，实事求是，既不盲目地跟着感觉走，也不简单地照搬别人的套路，要客观地认识和分析现实环境条件及市场动向，根据自身的优势和劣势慎重决策。"凡事预则立，不预则废"，既要制订多种获取成功的策略，又要全面考虑那些可能遭受挫折和失败的不利情况，拟订相应的对策。

（2）拼搏精神和创新精神。创业是一个艰辛的旅程，风险与机遇并存。创业者要敢于放弃既得利益，放弃传统生活方式，以破釜沉舟的决心面对创业的风险，勇于拼搏，在拼搏中求生存、求发展。企业运作受内外多种因素影响，常常出现各种困境，这要求创业者临危不惧，以一往无前的勇气去鼓舞团队士气，坚定必胜信心，通过集体的拼搏，突破困境，到达"柳暗花明"的新境界。

创业者更要有强烈的创新精神，在市场经营观念、产品技术开发和服务等方面大胆革故鼎新，加强超前意识，勇于开拓未知领域，才能满足社会上不断增长的新的需要，占领新的市场，使企业充满活力，从而在市场竞争中立于不败之地。

（3）务实精神、合作精神和奉献精神。务实就是要实事求是，干实事，讲实效。在工作中有目标、有计划、有监督、有总结，大事不放松，小事不大意。重视科学管理，坚持任人唯贤，人尽其才。而不可好高骛远，志大才疏，梦想一夜之间就能成功。

团队的合作是成功的关键，孤军奋战往往力不从心。所谓团队精神，简单来说就是大局意识、协作精神和服务精神的集中体现。团队精神的基础是尊重个人的兴趣和成就。核心是协同合作，最高境界是全体成员的向心力、凝聚力，反映的是个体利益和整体利益的统一，并进而保证组织的高效率运转。团队精神是组织文化的一部分，良好的管理可以通过合适的组织形态将每个人安排至合适的岗位，充分发挥集体的潜能。如果没有正确的管理文化，没有良好的从业心态和奉献精神，就不会有团队精神。

在企业经营管理中，奉献精神也可以发挥巨大作用。现在国内诸多著名企业都在推进企业文化建设，积极倡导包括奉献精神在内的企业精神。其结果是大大提高了企业凝聚力和核心竞争力。有关专家对民营企业家的成长分析也发现，这批人在创业之初往往会以挣钱发家为目的，但在物质需求得到较大满足之后，必然要追求包括奉献精神在内的更高精神境界。如果企业家达不到这种境界，企业就很难继续做大做强。

2. 创业精神的形成

生活中，创业的条件无处不有，创业的机会无处不在。改变命运的强烈渴望，能否转化为大胆的创业行动，很大程度上在于你是否具备了创业精神。选择了创业就是选择了面对更多困难、迎接更多挑战，而创业精神就体现在战胜困难与挑战的过程中。创业精神就是一个人不以当前有限的资源为基础而追求商机的精神。从根本上讲，创业精神代表一种突破资源限制，通过创新来创造机会、创造资源的行为。这与职业经理人将焦点聚焦在现有资源的合理管理和分配的行为形成了对比。没有资源创造资源，有限资源创造更大资源，这种能力是衡量创业精神的核心指标。

"创业精神无处不在。"英国国家大学生创业促进委员会研究与教育部主任 Paul.D.Hannonl 说，如果没有创业精神，就不可能给学生提供就业机会，"我们必须对大学生进行投资，创业精神是年轻人在人生中必需的"。

创业精神的形成来自于两个方面，一是外在因素，一是内在因素。外在因素主要取决于家庭、学校及社会的教育和环境等，内在因素则是指创业者的个性心理特征，如鲜明的独立性、强烈的自信心、顽强的意志力、适应不同环境和角色的能力、追求个人价值的恒心等。内在因素往往受到外在因素的制约，但对创业精神的形成起着决定性的作用。

（1）加强创业教育，培养创业意识和创业能力

为了迎接世纪的新挑战、把握日新月异的社会发展节奏，为了使高校毕业生正确面对竞争激烈的人才市场，学校必须帮助学生培养创业意识、锻炼创业能力。学校应组织学生开展形式多样的创业准备活动和创业实践活动，增强高校毕业生在人才市场中的竞争能力和自主创业能力，争取造就一批适应市场经济发展的自主创业者。这样，既可以缓解我国目前由于劳动力相对过剩造成的就业危机，又可以为社会创造更多的就业机会。

《中共中央关于加强社会主义精神文明建设若干重要问题的决议》进一步指出："在全民族树立艰苦创业精神，是实现社会主义现代化的重要思想保证。我国是发展中国家，经济文化比较落后，处在创业时期，伟大的创业实践需要伟大的创业精神。即使经济有了大的发展，人民生活有了大的改善，仍然需要保持和发扬这种精神。要在广大干部群众中深入持久地进行艰苦创业精神的教育，引导人们正确认识国情，正确认识建设有中国特色社会主义的长期性和艰巨性，牢固树立勤俭建国、勤俭办一切事业的思想，大力发扬艰苦奋斗、励精图治、知难而进、自强不息的精神。"党中央倡导的这种精神，全面概括了中华儿女的民族气概和当代人的精神风貌，其内涵有三个方面：一是必须有远大的理想和坚

定的信念。要坚持用科学的理论武装头脑，树立正确的人生观和世界观，为实现中华民族的共同理想而奉献自己的智慧和力量。二是必须有艰苦创业、顽强拼搏的精神。要有强烈的事业心和责任心，刻苦钻研，勤奋工作，努力掌握现代化建设所需的各种知识和过硬本领，成为本职工作的行家里手；要开阔视野，树立高标准，不怕困难和挫折，坚韧不拔，勇于创新，争创一流。三是必须有实事求是的科学态度和脚踏实地的良好作风。要坚持解放思想与实事求是的统一，既要敢想敢干，又要求真务实；要满腔热情地投身于改革开放和现代化建设的伟大实践，从人民群众丰富生动的劳动创造中汲取营养，在艰苦的环境中磨炼意志，增长才干。

改革开放和现代化建设呼唤新时代的大学生，也为大学生的健康成长提供了良好的机遇，开辟了广阔的天地。创业精神是新一代大学生前进的动力，大学生们要认清形势，珍惜机遇，立志高远，自强不息，坚定不移地按照党指引的方向前进，努力使自己成为现代化建设事业的创业者。

（2）养成独立自主的个性人格

个性是指一个人在其生活、实践活动中经常表现出来的、比较稳定的、带有一定倾向性的个体心理特征的总和，是指一个人区别于其他人的独特的精神面貌和心理特征。个性对于一个人的活动、生活具有直接的影响，对于一个人的命运前途有直接的作用。

独立自主的个性人格是一切创造的思想起点和精神动力。一个人是否有创业意识、创业举动和创业成就，很大程度上取决于他是否有独立自主的个性人格。我们很难想象，一个事事、处处依赖他人的人，会有什么创造性的业绩。

培养独立自主的个性人格，首先要认识自己，相信自己，自己的命运自己主宰。"天生我才必有用"。凡是有成就的人，都是自信的人，有主见的人。虽然他们的事业不同，经历不同，但他们都不依赖于他人，有较强的自主意识，遇事都能独立思考，有自己的主见。

（3）具有开拓进取的勇气胆略

进取心是成功人生必备的心理素质。进取心是一种"不满足"之心，是一种对事业、对人生成功的不断追求。自主创业是一种开创性事业，必然充满困难险阻，甚至还有牺牲。因此，它最需要的就是开拓进取的勇气胆略，否则，事事不敢越雷池一步，就谈不上创业成功。科学史上第一架飞机、第一辆汽车、第一艘轮船均与其发明者的不畏艰难、敢于冒险、不怕失败、敢于竞争的优良品质分不开。也正是靠着这种冒险精神，才使科技人才努力向上，突出了强者，使得科学技术在互相追逐、此消彼长中得以不断发展和突破。随着市场经济和改革开放的深入，国际交流日趋频繁，科学技术日新月异，优胜劣汰表现得日益突出。社会的方方面面和不同层次都将体现竞争，竞争已成为社会主义市场经济的核心。"狭路相逢勇者胜"。只有敢于冲破艰难险阻的大无畏精神，才能在激烈的市场竞争中抓住机遇，独树一帜，走向成功。

英国劳埃德保险公司是当今世界保险业中信誉最高、名气最大、资金最雄厚、利润最多的一家大保险公司，它成立于1680年，迄今已有300多年的历史。劳埃德公司以敢于承保任何风险而闻名于世。大到火箭升空和人造卫星，小到电影明星漂亮的脸蛋和超级名模那双修长的玉腿，这家保险公司都敢毫不犹豫地予以担保。它的信条是：保险业若不敢冒险，保险公司就将无人问津。

1906 年，美国旧金山大地震引起了严重火灾，为此劳埃德公司赔偿了 1 亿美元的保险费；1912 年英国巨型客轮"泰坦尼克号"触冰山沉没，近 2000 人丧生，劳埃德又为此付出了 250 万美元的赔款，这在当时都是令人咋舌的数字。1937 年，德国"兴登堡"号飞船在空中发生爆炸，也是由劳埃德公司承保并付出了近千万美元的赔偿费。20 世纪 70 年代以后，劳埃德为几起大灾难所付出的赔偿费多得让人触目惊心。一起是全世界要求赔偿在使用石棉时造成的副作用，折算成货币损失高达 300 亿美元，其中应由劳埃德承付 60 亿美元赔偿费。再一起是美国某公司电脑系统失灵，造成了规模空前的大损失，经计算劳埃德公司要赔偿 4 亿美元。1983 年是世界航空史上的多事之秋，那年由劳埃德承保的民航客机竟有 28 架失事，劳埃德为此赔偿了 3 亿美元。但是劳埃德财大气粗，这一连串的近乎天文数字的高额赔偿并没有动摇它的财力基础。从整个劳埃德集团来看，盈利依然高于亏损。因此，劳埃德接金额庞大的保险业务的胆子不仅没有变小，反而越来越大。

1984 年，劳埃德斗胆承保了美国的三颗通信卫星。谁料想，这三颗卫星竟偏离了轨道而失灵。劳埃德的保险商们不由惊呼：我的上帝，会有这么巧的事，你一承保它就失败，怎么办？赔吧！这一赔又将是 3 亿美元的庞大金额。惊慌之余，劳埃德的保险商们突发奇想：能否把这几个满天乱飞的卫星逮回来，修好后重新发射，就可以少赔钱了。他们请出美国宇航局的技术专家做出了可行性论证，结果可行！于是劳埃德拨款 550 万美元给美国"发现号"航天飞机，要求它捕获价值 1.5 亿美元的"西联星 6 号"卫星和价值 7500 万美元的印度尼西亚"默那波 B-2"卫星。这一年的 11 月，"发现号"航天飞机成功地进行了世界上首次空间商用性修理业务，把"两联星 6 号"和"默那波 B-2"两颗卫星回收修理，这两颗卫星在第二年 7 月再次发射，从而使劳埃德少付赔款 7000 万美元。劳埃德敢冒大风险敢付大赔款的作风赢得了全世界的瞩目，它终于在全世界挽回了卫星保险的声誉。

两伊战争期间，海湾水域成了伊拉克和伊朗展开油船破袭战的战场。出入海湾水域的油轮和货船，不是被炮弹击中起火，就是连人带船被困于海湾。于是，许多世界著名的保险企业都不敢问津海湾水域的航运，视这一带为禁区，唯恐遭惹鸡飞蛋打、人财两空的横祸。只有劳埃德敢插足虎口，冒险承保。当时，尽管海湾水域危险性很大，但是巨额的石油财富和高得吓人的薪金依然能吸引海轮和海员冒险出入海湾。劳埃德承保这一水域的海运，尽管出现 100 条油轮和货轮沉没、损坏和被困的惨状，使公司支付了多达 5 亿美元的保险赔款，但是劳埃德还是觉得合算。因为海湾水域的保险费一涨再涨，一艘仅 400 万美元的货轮投保 7 天就得交纳 400 万美元的保险金，获利极其丰厚！由于劳埃德一贯保持着承担巨大风险保险的雄心壮志，因此一直在世界保险业中声誉卓著。

（4）具有百折不挠的顽强毅力

自主创业的路途不可能是一帆风顺的，如果一遇到困难和问题就畏缩不前，打退堂鼓，那就只会半途而废，一事无成。"创业艰难百战多"。世界上许多伟大业绩都是通过一些很平凡的人经过不断的努力，顽强的拼搏而创造的。

百折不挠的顽强毅力本质上是一种责任感，是一种执着追求、锲而不舍的精神。创业者往往把自己的创业与一个地区、一个国家乃至全人类的某项共同事业紧紧联系在一起，以推进这项事业发展，达到一定高度为己任，执着追求，如痴似迷。凭着自己的事业心和责任心，为了发展自己的事业，可以倾注极大的热情，有时为了坚持自己的主见，追求自己的事业，甚至可以不顾一切。

成功并不是轻而易举的，每一个成功者的后面都隐藏着许许多多的失败，而恰恰是这些失败才最终导致了他的成功。跌倒了再站起来，在失败中求胜利。这是许多创业者成功的秘诀。美国发明家爱迪生研制蓄电池，一直失败，直到第 5000 次时才获得成功。他却自负地说："不，我没有失败，我发现了蓄电池不能工作的 4999 种原因。"所以，失败也是成功的一部分，失败孕育着成功。但需要明确的是，失败并不意味着一定会成功，还需要你善于总结经验，吸取教训，找出原因，重新调整，通过百折不挠、持之以恒的毅力去开创新路，才有可能打开成功的大门。

三、创业素质

在现代经济、现代文明高度发达的今天，"暴发户"将成为过去现象。创业者必须是有真才实学，德、智、体等全面发展的综合素质的人才，哪一方面的偏废，都会影响到企业的生存、发展和壮大。1992 年美国一家公司对数千名企业老板调查结果显示，企业管理者素质按重要程序排序，前 20 项如下表：[①]

1 财务管理经验和能力	11 行业及技术知识
2 交流和人际交往能力（下达指标、倾听、口头及书面交流）	12 领导和管理能力
3 激励下属的能力	13 对下属培养和选择的能力
4 远见和洞察能力	14 与重要客户建立关系的能力
5 自我激励和自我突破	15 创造性
6 决策和计划能力	16 组织能力
7 市场营销能力	17 向下级授权能力
8 建立各种关系的能力	18 个人适应能力
9 人事管理水平	19 工作效率和时间管理水平
10 形成良好企业文化的能力	20 技术发展趋势预测能力

事实上，创业者在其创业过程中，必然要担负各种不同的角色，这就要求他应该具备

① 田千里.老板论.北京：经济科学出版社，2000.

较高的综合素质，包括身体素质、政治思想素质、知识结构和综合能力、心理素质等。

1. 身体素质

身体素质主要包括力量、速度、灵敏、耐力、柔韧等几个方面的素质。一般人身体素质的先天成分差异不大，在满足了身体所需的基本营养以后，身体素质的好坏主要取决于体育锻炼。运动生理学的研究表明，人进入青年以后，身体素质的增强速度逐渐减慢，但身体仍具有可塑性和不稳定性，人们也可以通过增强和坚持体育锻炼来提高身体素质。如果较长时间减少或停止体育锻炼，身体素质就会逐步下降。

实践证明"生命在于运动"，体育锻炼是培养健康体魄的最重要措施。经常坚持参加体育运动的人，容光焕发，肌肉发达，身体匀称，反应灵敏，在工作和学习中生龙活虎，精力充沛，洋溢着青春的活力。坚持体育锻炼有利于大学生提高人体的活动和工作能力，保持旺盛的精力，充满朝气，增进健康；有利于大学生培养坚强的意志、强烈的竞争意识，促进心理状态的调节和成熟；还有利于大学生自觉加强自我修养，把自己培养成一个身心和谐的人。

加强身体锻炼必须遵循科学的锻炼方法，才能取得预期的效果。不讲方法，仅凭主观热情，盲目地锻炼，不仅不能取得良好效果，反而会损害健康，发生运动伤害事故。因此，锻炼身体必须遵循这几个原则：①增强体质、全面锻炼原则；②因人、因地、因时制宜，区别对待原则；③循序渐进、持之以恒原则；④做准备运动和整理活动原则；⑤掌握一定运动负荷原则；⑥掌握正确技术原则。

大学生在校学习期间，必须经常参加体育锻炼，养成早睡早起的科学作息习惯，增强体质，这是大学生顺利完成学业、成功就业和创业的需要。

2. 政治思想素质

政治思想方面的素质包括政治态度、政策法规水平和思想道德品质三大部分。一个国家的政治制度、政策、法规影响着经济的发展方向，一个创业者的政治水平、思想觉悟影响着企业的适应能力、成长方向和发展后劲。

政治素质对创业者尤为重要，一个成功的创业者，不能只拉车，不看路。不仅要成为事业的实干家，同时也要具备清醒的政治头脑。一个富有政治眼光的企业领导人，才能把握机遇，顺应社会，使自己的经营活动符合国家的政策，法律、法规，才能使事业蒸蒸日上。

创业者必须自觉提高思想政治觉悟、提高政策法规水平，服从国家和人民利益的大局。当然，创业的动机是追求利润，创业者首先必须有利益动机，但也绝不可唯利是图。任何一个企业至少肩负着发展经济和提高就业机会两大基本任务，为使整个社会健康发展，企业必须在抓好物质文明建设的同时，着力抓好精神文明建设，要站在国家、社会和企业的长远发展的利益上，全面提高员工的素质，把企业文化建设纳入整个社会精神文明建设全局。

创业者要讲究社会公德、职业道德和家庭美德，公平竞争的个人修养及对市场规则的尊重，尤其要培养和增强法律意识。培养和增强法律意识关键就在于创业者应当严格地遵守法律，恪守自己的职业道德。具体来说严格地遵守法律，要求创业者应当依法行事，自觉地履行法律所规定的各项义务和责任。显然，这同时也是对创业者本身合法权益的一种保障。

另一方面恪守职业道德就是要求创业者严格遵守本行业的道德规范，依法进行各种生产经营活动，同时要牢牢警惕各种不择手段的损人利己、损公肥私、尔虞我诈、假冒伪劣、偷税漏税等不法行为。

一般来说，恪守职业道德确实无论是财富增长速度还是企业发展速度在短期内都会慢一些，但是从长远的观点来说，通过自己的艰苦奋斗，创出名牌和信誉，这种无形的价值和利益将是非常巨大的。

当前我国家电业及一些行业的知名品牌无一不是由小到大、遵纪守法的典型。像日本松下电器公司的创始人松下幸之助先生就说过："为人要诚实，办厂要老实。"松下先生创下了在世界上值得自豪的事业，不能不说与其良好的职业道德和强烈的法制观念有着密切的关系。

不讲职业道德者，短期内确实可能暴富，但这不是长期的做法，而且等到东窗事发身陷囹圄，悔不当初可就晚矣。事实上就有不少商界人士之所以身败名裂，一事无成，就因为他与人不诚、急功近利、作奸犯科。可以说没有法律意识，不恪守职业道德，就无可成之大事，也就是没有不失败的道理。

3. 知识结构和综合能力

知识结构是指一个人所拥有的知识体系和构成情况与结合方式。它是一个由诸多要素组合而成的有序列、有层次的整体信息系统。知识结构是文化素质的质的方面。它与知识程度两者有机地结合形成一个人的文化素质。知识素质是指个体掌握的知识量和具有的知识结构状况。一般来讲，知识素质的内容包括两部分，即专业知识素质和相关知识素质。按照我国现行的教育体制和结构，专业知识就是个体在校时所学专业的有关知识。相关知识是除专业知识以外的知识，通过学校、社会提供的条件，个体发挥学习主动性获得的知识。

合理的知识结构是毕业生走向社会的"通行证"，是担任现代社会职业岗位的必要条件和人才成长的基础。所谓合理，是指毕业生所拥有的各类知识的比例要恰当，基础知识和专业知识、人文知识和科学知识、书本知识和实践知识要兼顾并重。建立既博又专、文理兼修的复合型知识结构，才能适应社会灵活多变的需要。

（1）创业的必备知识

①专业技术知识

知识是能力的基础，无知必然无能。大学生要想成功创业，离不开与其创业有着直接联系的特定领域的知识。大学生创业主要是知识创业，他的长处和优势就是其在某一方面具有较扎实的专业知识。

专业技术能力是创业者掌握和运用专业知识进行专业生产的能力。专业技术能力的形成具有很强的实践性。许多专业知识和专业技巧要在实践中摸索，逐步提高、发展、完善。创业者要重视创业过程中知识积累的专业技术方面的经验和职业技能的训练，对于书本上介绍过的知识和经验在加深理解的基础上予以提高、拓宽；对于书本上没有介绍过的知识和经验要探索，在探索的过程中要详细记录、认真分析，进行总结、归纳，上升为理论，形成自己的经验特色，积累起来。只有这样，专业技术能力才会不断提高。

②法律法规知识

近年来，为了规范经济发展秩序，鼓励创业，国家出台了一系列相应的法律法规，在开始创业前，必须了解我国的一些基本法律法规知识，这样才能更好地解决创业中涉及的一些法律问题。

要设立企业从事经营活动，必须到工商行政管理部门办理登记手续，取得营业执照。如果从事特定行业的经营活动，还须事先取得相关主管部门的批准文件。我国企业立法已经不再延续按企业所有制立法的旧模式，而是按企业组织形式分别立法，根据《民法通则》《公司法》《合伙企业法》《个人独资企业法》等法律的规定，企业的组织形式可以是股份有限公司、有限责任公司、合伙企业、个人独资企业，其中以有限责任公司最为常见。要设立企业你需要了解《企业登记管理条例》《公司登记管理条例》等工商管理法规、规章，还需要了解有关开发区、高科技园区、软件园区（基地）等方面的法规、规章、有关地方规定，这样有助于你选择创业地点，以享受税收等优惠政策。

我国实行法定注册资本制，如果创业者不是以货币资金出资，而是以实物、知识产权等无形资产或股权、债权等出资，则还需要了解有关出资、资产评估等法规规定。

企业设立后，需要税务登记，需要会计人员处理财务，这其中涉及税法和财务制度，你要了解企业需要缴纳哪些税，其中包括营业税、增值税、所得税等。而且还要了解支出可以增加成本，开办费、固定资产怎么摊销，等等。要聘用员工，其中涉及劳动法和社会保险问题，你要了解劳动合同、试用期、服务期、商业秘密、工伤、养老金、住房公积金、医疗保险、失业保险等诸多规定。你还需要处理知识产权问题，既不能侵犯别人的知识产权，又要建立自己的知识产权保护体系，你需要了解著作权、商标、域名、商号、专利、技术秘密等各自的保护方法。在业务中你还要了解《合同法》《担保法》《票据法》等基本民商事法律及行业管理的法律法规。

以上只是简单列举创业时常用的法律，在企业实际运作中还会遇到大量的法律问题。当然，你只需要对这些问题有一些基本的了解，专业问题须由律师来解决。

③管理知识

创业意味着自己当家做主，自己是整个团队的管理者，需要学习大量的企业管理知识，懂得经济核算，提高经济效益，才能在激烈的竞争中处于不败之地。

所谓管理，就是一个组织在其各种活动中，根据组织内部的活动规律，通过对组织活动进行有效的决策、计划、组织、指挥和协调，使组织内的人力、物力、财力等各种资源得以优化组合，充分发挥组织内资源的最大效用，从而有效实现目标的过程。管理一般具有计划职能、组织职能、指挥职能、调节职能、监督职能和激励职能。

管理活动贯穿于组织运行过程的每一个环节。一个组织，无论规模大小，都有相应的内部机构或内部职能，彼此既分工，又协作。只有在充分发挥管理职能的基础上，才能相互协调，正常运行。管理还是组织生存和发展的基本条件。组织外部环境的变化，会对组织带来机遇或造成威胁，组织要适应外部环境的变化，就要对组织内部进行变革。通过有效的管理，使组织形式、规模等的变化与外部变化要求相一致，从而使组织更具竞争力、灵活性及抗风险能力，以适应新的外部环境，保持组织的长盛不衰。

面对复杂、多变、竞争激烈的市场，创业者一定要充分认识到管理的重要性，加强学习，努力提高管理水平。

④商业知识

在商品经济和市场经济条件下，对于有志于投身创业的大学生来说，学习相关的商业知识是必不可少的。

A. 产品知识

创业者要研究产品的生命周期和产品的评估标准。研究产品的生命周期有两个作用：一是调整产品的价格，二是迫使自己不断推出新产品。根据产品的生命周期，可决定销售价格、生产量和库存量等。评估产品可用以下四项标准：a. 产品本身：功能如何？产品利益点在哪里？与同类产品相比竞争优势在哪里？谁买这些产品？ b. 技术难度：自己所拥有的技术能力和生产能力是否可以完成？是否会增加成本？是否适销对路？ c. 大环境：流行趋势、政府政策、经济环境与材料供应的配合。d. 前景的预测：资金规模要多大？生命周期如何？市场价格如何？

B. 市场知识

有了产品知识以后，就要分析产品的市场命运。产品是一个初生婴儿，它有自己的生长空间吗？如何为它争取空间？产品的命运就是创业者的命运，创业者必须为产品的市场制订科学的营销战略，让它在市场中经风沐雨，茁壮成长。创业者对市场或消费者要有比较清晰的了解。例如，分清市场"短期需求"和"长期需求"。从产品销售时间的持续变化情况来看，分清需求情况，创业者就能明确产品的市场价值。对短期效果产品，投资规模不宜过大；对长期需求的产品进行投资时，要做好对产品特征、性能要求的市场调查，研制出令顾客满意的产品，才能取得良好的市场效果。

创业者对客户购买动机、购买能力的了解，也将直接影响到产品的市场销售额。所以，创业者要深入研究市场上主要客户的特征，目标客户的财力，客户对产品或服务的需求程度，购买意愿等。

C. 资金和财务知识

作为优秀的企业管理者，了解一些常用的财务知识是非常必要的。创业者要从事生产经营，获得利润，就必须善于理财。理财是对资金流动过程进行正确的组织、指挥和调节，保证生产活动的顺利进行，减少劳动和物资资源的耗损，从而降低产品成本，提高资金的利润率。不言而喻，善于理财能使资金增值，提高经济效益，这也是创业成功的重要保证。

一般说来，作为一个创业者要对以下的一些财务知识有所了解：货币金融知识；信用及资金筹措知识；资金核算及记账知识；证券、信托及投资知识；财务会计基本知识；外汇知识。

（2）创业综合能力

创业综合能力在创业的基本素质中具有非常重要的地位，它是创业基本素质的核心，是将其他要素组合成创业基本素质结构的中心，直接影响着创业实践的成败。作为一个创业者，创业前或在创业活动中都要不断培养和提高自我综合能力。这些能力主要包括：学习能力、组织能力、经营管理能力、团队协作能力、人际交往能力等。

①学习能力

随着人类社会和生产实践的不断扩展和深化，人类创造的知识总量也越来越多，以至于到了今天，知识爆炸、知识经济等与知识有关的新的概念不断出现。可以说，当今社会的经济活动无一不与知识的运用有关。这就要求人们不断地学习和掌握人类最先进的知识及技能，才能有效地从事各类经济活动。而对于创业者来说，这一点显得更为重要。

所谓学习能力就是人们获取知识的能力，主要有书本知识和实践知识。学习能力又表现在自觉性、主动性、记忆力、理解力及知识的转化能力等智力和非智力因素上，即人的学习能力是智力和非智力两者的共同结合。

学习能力是接受与转化的统一，转化就是对已掌握知识的应用。从某种程度上说，知识的转化应用是更重要的学习。因此，判断一个人的学习能力，不仅要看其所拥有和掌握的各种知识，更重要的是看一个人对知识的应用能力。对于创业的大学生来说，学习能力的培养更应强调知识转化应用方面。只要把所学知识不断地转化应用于实践，并在实践中去扩展才是提高学习能力的重要方法。

②组织能力

组织能力是一个创业者（尤其是处在领导地位的人）应当具备的指挥协调能力，是指根据工作任务，对资源进行分配，同时控制、激励和协调群体活动过程，使之相互融合，从而实现组织目标的能力。

组织能力具有两方面的基本含义。一是指组织者对组织成员的指挥、调动、协调，以及对非人力资源的集中分配、调度等能力。能否有效、迅速地指挥调动人力、物力、财力，是一个组织者组织能力的反映。二是指组织者对组织结构的设计及运作，表现为对组织机构的设计、人员的配置等，如对组织成员职位的任命安排、明确其职责范围等。

组织能力一般表现在以下几个方面：A.组织结构的设计是否合乎组织目标的要求。组织设计是为实现组织目标服务的，采用怎样的组织结构，应根据组织规模的大小、组织任务的多少等进行。当组织规模较小时，组织结构一般也较简单；当组织规模较大时，组织结构也就相应比较复杂。B.人员配置是否合理。人员配置是组织设计的重要内容，人员配置合理与否，也体现着组织者组织能力的强弱。组织设计中每一层次职位上配备多少人，各自职责权限的划分等，都要体现人尽其才、才尽其用的原则。C.组织结构是否适应环境的变化。组织结构的设计应能适应组织内外部环境变化的要求。客观环境是不断变化的，要使组织有序正常运行，组织设计应该适应环境变化的要求，保持组织结构的适应性，同时又要保护相对的稳定性。组织工作做得好，可以形成整体力量的汇聚和放大效应。否则，就容易出现"一盘散沙"的局面，甚至造成力量相互抵消的内部斗争局面。

③经营管理能力

在创业能力中，经营管理能力是一种较高层次的能力，是创业者能力素质在管理上的体现，它从三个方面直接影响创业实践活动。一是涉及创业实践活动的全过程；二是涉及创业实践活动中人的选择、使用、组合和优化，涉及群体控制的各个方面，如群体目标、群体内聚力、群体规范和价值等；三是涉及创业实践活动中资金的分配、使用、流通、培植等环节，从而影响实践活动的规模和效益。

在现代社会中，经营管理能力是一种社会角色的联系本领，为人的生存发展提供了较好的主体条件；同时，也是人、财、物、时间、空间的合理组合。运筹方式的能量显示直接关系到创业活动的效率和成败。

成功的创业者，不仅要有果敢的开拓创业精神，还必须精通经营之道，熟悉市场行情；要了解和掌握生产经营活动的内容，学会生产经营的策略和手段；掌握信息要及时准确，对比选优，还要多设方案，不同意见要兼收并蓄；要懂得市场经营策略、销售策略、市场定价策略，熟悉生产经营的组织和管理。

在生产的诸要素中，人是最活跃的、起决定性作用的因素，是企业能否发展的决定因素。善于用人，就能调动人的积极性，使人尽其能，人尽其才，使个人的长处得到充分的发挥。要做到善于用人，就必须统一指挥，权责相配，建立规章，民主管理，还必须论功晋升，按劳分配。

管理方法的科学化和艺术化是管理能力的一个重要方面。科学化是指运用系统化的科学管理知识，对管理上存在的问题设想出可行的、正确的解决办法。艺术化是指从管理的理论原则和基本方法出发，结合实际，对具体情况具体分析，以求得问题的妥善解决。科学化和艺术化是互相促进、互相补充的，科学化越强，艺术化也就越强；艺术性的发挥，也会推动科学化的发展。

在校学习的学生虽然不直接进行经营活动，但可利用假期进行尝试性、见习性的实践活动，参加一些模拟性实践，即参加创业实践的情景模拟，进行情境体验，如产品推销、接待客户、谈判等；还可利用实习期进行训练，有意识地观察和体验经营管理方面的技能及营销技巧，投身于真正的创业实践；在毕业并进入创业启动阶段后，可尝试一些诸如租赁或承包店铺经营活动，开展加工或修理业务等。创业是时代精神的反映，是特定时代对人们提出的要求。创业的初始实践是青年人自立人生、实现理想的重要途径，强烈的创业需要是青年人走向成熟的标志。青年人应该从充满浪漫的生活幻想中走出来，有意识地用自己的双手去创造美好的未来。

④团队协作能力

随着知识经济时代的到来，各种知识、技术不断推陈出新，竞争日趋紧张激烈，市场需求越来越多样化，使企业管理层所面临的情况和环境极其复杂，在很多情况下，单靠个人能力已很难完全处理各种错综复杂的信息并采取切实高效的行动，所有这些都要求组织成员之间进一步相互依赖、相互关联、共同合作。而合作团队的建立正是旨在解决错综复杂的问题，并进行必要的行动协调，保持组织应变能力和持续的创新能力。

团队不仅强调个人的工作成果，更强调团队的整体业绩。团队的精髓是共同承诺。共同承诺就是共同承担集体责任。没有这一承诺，团队如同一盘散沙。做出这一承诺，团队就会齐心协力，成为一个强有力的集体。高效出色的团队具有如下的特点：协作是创业者事业成功的重要支持力量。协作性是一种能设身处地为他人着想，善于理解对方、体谅对方，善于合作共事的心理品质。培养协作能力是创业者获得别人和社会支持的重要前提条件，对创业者事业成功具有重要的积极作用。

团队合作模式对个人的素质有较高的要求，除了应具备优秀的专业知识以外，还应该有优秀的团队合作能力，这种合作能力有时甚至比你的专业知识更显重要。作为管理团队的一员，应该从以下几个方面来培养自己的团队合作能力：

首先，积极发现每个成员的优点。在一个团队中，每个成员的优缺点都不尽相同。我们应该积极发现团队成员的优秀品质，并且学习它和发扬它。团队强调的是协作，最好不要有命令和指示，这样团队的工作气氛就会变得轻松和谐，工作就会变得很顺畅，团队整体的工作效率就会大大提高。

其次，对每个人都寄予鼓励，每个人都有被人重视的需求，特别是那些辛劳工作的基层员工更是如此。就如我们的保安员、清洁工工作时间长，工作又苦又累，有时给予他们一句小小的鼓励和赞许就可以使他们释放出无限的工作热情。最关键的是，当你对他们寄予表扬的同时，他们也同样会给予你希望。

再次，时刻检讨自己的缺点，我们应时刻检讨自己的缺点，比如检讨一下自己的工作心态好不好？对待日常的工作是不是有所怠慢？对待客户的沟通工作做得够不够好？能否虚心接受别人对自己的批评？这些缺点在自己看来可能不算什么，但在团队合作中它就会成为你进步成长的障碍。如果你固执己见，无法听取他人的意见，你的工作状态不可能有进步，甚至会影响到其他成员的工作积极性。团队的效率在于每个成员配合的默契，如果你意识到了自己的缺点，不妨坦诚地承认它，想方设法改掉它，也可以让大家共同帮助你改进。当然，承认自己的缺点可能会让你感到尴尬，但你不必担心别人的嘲笑，你只会得到他们的理解和帮助。

最后，保持足够的谦虚。团队中的任何一位成员都可能是某个领域的专家，所以你必须保持足够的谦虚。任何人都不喜欢骄傲自大的人，这种人在团队合作中也不会被大家认可。你可能会觉得在某个方面他人不如你，但你更应该将自己的注意力放在他人的强项上，只有这样才能看到自己的肤浅和无知。谦虚会让你看到自己的短处，这种压力会促使自己在团队中不断进步。

在团队中，如果每个队员都能够不断地释放自己的潜在才能和技巧，能够相互尊重和被重识，相互鼓励和坦诚交流，大家就能在各自的岗位上找到最佳的协作方式，为了团队共同的目标，自觉地担负起各自的责任并为此积极奉献。

⑤人际交往能力

孟子说"天时不如地利，地利不如人和"，说明一个人及其事业的发展和成功，在天时、地利、人和的主客观条件中，"人和"占有极其重要的地位。良好的人际关系是社会文明的重要标志。创业者在创业实践中要创造性地搞好人际关系。

交往能力是人与人之间进行有效沟通的重要条件。人际交往包括个人与上下左右各方面人们的沟通和交流。学习人际交往知识，提高人际交往能力，不仅是适应社会生活的需要，也是创业活动中必不可少的基本功。人与人之间的沟通交流，是通过语言和非语言媒介进行的，其中又以语言交流为沟通的主要方式；而非语言媒介，如人们在交谈中的表情、姿势和动作等，在沟通中则起支持、修饰、强调或否定语言行为的作用；有时，它可直接代替语言行为，甚至表达出语言所难表达的思想感情。语言和非语言两种人际沟通方式恰到好处地配合，方能使双方沟通达到理想的效果。

与人初次交往，应尽可能地做到有所了解，可以根据不同类型的对象采取不同的方式，设法进行了解。只要善于抓住蛛丝马迹，找到对方感兴趣的话题，就可以进行愉快的交谈。交谈时不能只顾自己说，还要用耳去听对方的话，用眼观察对方的神态，从而获得更多的信息。

在交往中要真诚地建立情感和友谊。人在社会中生活，离不开人与人之间的关心、爱护和帮助。创业更需要他人的合作和支持，需要人缘，需要朋友。这就要靠我们在积极的人际交往中与众多的人建立起真挚而稳固的情感和友谊。要形成良好的人际关系网络，须从以下几个方面努力。A.真诚待人，关心别人。真诚，首先体现在对别人的尊重上，不仅表现在言行举止，仪表神态，更重要的是敞开心怀讲真话，以你的坦率换得朋友的信赖，从而达到彼此之间心与心的沟通。B.豁达大度，宽厚为怀。求同存异，设身处地，推己及人，谅解别人，不强求别人理解自己。C.一诺千金，信义为本。"人之交，信为本"。一旦失信，便失去信赖、信任，便无友谊可言。D.虚怀若谷，宠辱不惊"。虚心使人进步，骄傲使人落后"，这是绝对的真理。E.幽默风趣，笑口常开。幽默是人际交际的润滑剂，它能使人心情开朗，缓解紧张的心情和相互的矛盾。

4. 心理素质

创业心理素质就是指在创业实践过程中对人的心理和行为起调节作用的个性特征，它与人固有的气质、性格有密切的关系，反映着创业者的意志和情感，影响着创业者的成就。

（1）气质和性格

气质是一个人心理活动的内在力量和灵活性的个体表现特征。心理学把人的气质类型分为四种，即胆汁质、多血质、黏液质和抑郁质。不同气质的人，其心理活动也不尽相同。但是，人们对生活的热爱、荣誉的追求、友谊的忠诚等对待现实的态度可以是一致的。也就是说，具有遗传因素的气质与人的性格并不存在必然的因果关系，性格主要是后天形成的，是人的长期生活实践和环境因素交互作用在人身上形成的稳定的心理特征。青年大学生要勇于正视自己的缺点和不足，不断加强教育和改造，克服心理缺陷，培养优良品质，使自己成为社会的有用之才。

（2）情感和意志

情感和意志是人的心理品质的核心。健康的情感和坚强的意志是保证创业实践活动能够获得成功的重要心理因素，是创业心理品质的核心。情感和意志是根据创业活动所要达到的目标，调节人的心理和行为过程的重要方式，是人的主动性和能动性的集中体现。因此，培养创业心理品质必须从情感和意志两方面着手。情感是人对客观事物的一种态度，反映着客观事物与人的需要之间的关系。由于客观事物与人的需要之间的关系不同，因此，人对客观事物抱有不同的好恶态度，会产生不同的内心变化和外部表现，如愉快、满意、喜爱或厌恶、愤怒、憎恨等，这就是所谓的喜怒哀乐。人的情感的外部表现就是情绪，人的情感对创业实践活动有很大的影响。积极健康的情感能推动人奋发向上、积极进取。而消极不健康的情感，则使人郁闷、颓唐、灰心丧气。所以，创业者在创业过程中遭遇不顺时，就要善于调节自己的情感，避免急躁和悲伤，防止灰心丧气，保持积极的态度。而当创业者遇上顺境，获得成功的时候，又要善于调节自己的情感，以免被胜利冲昏头脑。在这样的情况下，创业者的心理品质就显得十分重要。

意志是自觉地确定目的，并根据目的来支配、调节自己的行为，克服困难，实现目的的心理活动。人的活动主要是有意识、有目的的行为。在从事实践活动时，通常要根据对客观规律的认识，先在头脑中确定行动的目的，再根据目的来选择方法，组织行动，施加影响于客观现实，最终达到目的。意志就是在这样的实际行动中表现出来的。由此可见，创业者的意志如何，是创业者心理素质高低的核心问题，也是创业者的创业活动能否取得成功的关键性因素。

第三节　影响创业的因素

一、成功创业的重要因素

探讨影响创业成功或失败因素的研究很多，但由于创业个案背景的差异性大，所以各家看法也存在许多差异。不过通过这些个案研究发现，对于学习创业管理而言，仍是非常具有参考价值的。

麦克雷（1998 年）认为，中小企业创业成功的关键因素在于如何采取弹性的经营策略，以适应快速变迁的市场需求。斯坦纳和索利姆（1988 年）认为产品差异化与能否专注于某一利基市场，是小企业能否成功的关键。伊布拉辛和古德温（1986 年）则强调创业者的人格特性、管理技巧、人际关系及环境因素是小企业成功最重要的因素。杜特立豪斯（1992年）认为影响企业早期成功的因素有三：外部环境的配合性；创业团队的经营能力，如经验、专长、默契；创业策略的适当性。而弗莱文（1985 年）的研究指出企业失败的理由分别是：缺乏资金、缺乏财务控制及会计信息、缺乏管理技巧及经验、无法针对市场改变来因应及调整。

优素福（1995 年）针对南太平洋地区创业家所进行的研究，结果发现下列因素是影响他们成功的关键：

（1）良好的管理能力：包括做好事业规划的能力、有效获得资源的能力及良好的记录和财务控制能力。

（2）政府的支持：包括基础设施、运输设施、租税优惠及保护来自大企业的竞争。

（3）市场因素：特别是市场的需求因素，销售技巧等。

（4）教育及训练的水平。

鲁西耶（1995 年）将许多不同学者的研究加以归纳，并总结出以下 15 项影响创业成功的关键因素：

（1）资金能力：拥有适当资金能力的创业活动，相对比较容易成功。

（2）财务控制：缺乏适当财务控制的创业公司，相对比较容易失败。

（3）产业经验：无产业经验的人从事创业活动，失败的机会相对较高。

（4）管理经验：由无管理经验的人从事创业活动，失败的机会相对较高。

（5）事业规划：事先未做比较详细的创业规划，失败的机会相对也较高。

（6）专业咨询：能善于使用专业咨询和产业网络资源的创业活动，成功的机会相对较高。

（7）教育水准：未受大专教育的创业者相对受过大专教育的创业者，创业失败的概率较高。

（8）员工能力：能吸引并留住良好素质员工的创业公司，成功的机会相对较高。

（9）产品策略：选择太新或太旧产品的创业公司相对选择正在成长产品的创业公司，更容易失败。

（10）市场时机：在整体景气不佳时创业会较在整体景气好的时候创业，要更容易失败。

（11）创业年龄：年轻创业者相对较年老创业者，相对更容易失败。

（12）合伙团队：一人创业相对团队创业，相对比较容易失败。

（13）家庭背景：来自经商家庭背景的创业者，相对比较容易创业成功。

（14）股权比重：创业者拥有较多股权比例的时候，相对比较容易创业成功。

（15）行销能力：具有比较丰富的市场经验和行销能力的创业者，相对比较容易创业成功。

综合以上各种观点，我们认为，成功创业的重要因素主要有以下几点：

1.创业者要具有厚实的专业知识和技能

创业者在工作中不需要事事具备，面面俱到，但是熟练的专业知识，精湛的专业技能却是保证自己在业内游刃有余的必备条件。聪明的投资者应懂得经济学、市场学、营销学、会计学、统计学、心理学等方面的基本知识，了解这些方面的基本规律。

2.创业者要有坚定的投资意识

成功的创业者必须具备一定的投资意识。而投资意识是投资者对投资活动理性认识或心理、思想准备，是投资者应具备的最基本的主体素质。个人的投资意识包括多方面的内容，其中最重要的有六条：①坚定的信念；②充分的心理准备；③熟悉与本行业有关的政策法令；④良好的投资风格；⑤灵活多变；⑥饱满的热情。

3.创业者需要有敏锐的眼光

作为一个创业者是要带领一个团队打天下的人；是一个事事冲在最前线的人；是一个与形形色色的现象打交道的人；是一个能审时度势，透过现象看本质的人；这就需要有敏锐的目光去区别是非、辨别真伪、洞察秋毫、预算未来。

4.创业者要有高超的理财技巧

投资创业得会理财，有钱无计划，花钱如流水，不是老板品格。世界首富、全球电脑软件大王比尔·盖茨从不乱花一分钱。而我们有些个体公司的老板，讲阔气，摆派头，出手非常之大，公司运转三两个月，银行即空了。一个称职的老板是很会算账的。

5.创业者要成功的战略技巧

（1）弄清"家底"有多少

家底的多少决定着选择什么经营项目及经营的规模。在决策之前，首先要"摸摸自己的口袋"，有多少资金？有些什么财产？适宜开创哪类事业？这是创办事业要考虑的第一个因素。资金少固然可以筹措，但初始经营者一般缺乏经验，如果贪大求成，债台高筑去开创事业，则经营风险大，失败时损失也会大。

（2）集中优势，以专取胜

个人投资者资金有限，往往无法像大投资者那样搞多元化经营来分散风险，但可以集中自身优势，通过选择能够发挥自身长处的市场机会进行专业化经营，提高竞争能力。进行重要投资，发展专业特色产品，更能提高知名度和市场占有率。

6.创业者成功的原则

在人一生的成长过程中，什么才是最重要的因素？美国蓝天航空公司创业天才尼尔曼最近向外界透露他的心得。美国蓝天航空是"9.11"事件后第一家成功申请上市的航空业者，市值 1.47 亿美元。

在全世界割喉战进行最惨烈的航空业，蓝天航空在董事长尼尔曼的领导下，奉行了 14 项原则，与顾客发展出良好关系，创造出一连串令世人瞩目的优异成绩，其市值一度是美航、联航及达美航空市值的总和。尼尔曼迈向成功的 14 个原则是：

①做你自己最热衷的事：唯有如此，你才会不屈不挠、坚持到底。

②不断试着跳出框架思考事情：即不要照单全收传统的观念，应尝试从新角度思考。

③效法产业中最佳的竞争者：一面学习一面持续吸收值得学习的对象。

④随时准备前进：不要只看到暂时的挫败，其实这只是一个章节的结束及另一个全新章节的开始。应该欣然接受自己总会碰到不顺遂的事实，不管不如意的事情是大是小。

⑤造一个更好的捕鼠器：永远把事情做得比别人好。

⑥一定要取得充裕资金：有了充足现金做后盾，碰到再大的意外状况也不怕。

⑦好好照顾你的员工：因为任何事业的成败，最终仍基于基层人员的表现。要让员工看到你承诺要照顾他们的行为，尽一切力量努力创造一个快乐的工作环境，员工就会自动提高生产力。

⑧尊敬你的顾客：永远想着要提供给他们最好的服务。要确保顾客与公司的每次互动，强化你从他们身上得到的利益。只要有一半以上的生意来自大家的口碑宣传，就表示你们做对了。

⑨及早承认自己犯的错误：但不要让错误影响你的进度。在追求完美的过程中，现实世界总是不能尽如人意。对于自己会犯错的事实，态度越开放越有益于成长。

⑩注意细节：注意所有的小细节，这些小细节可能会影响一般顾客的消费过程，让他们有一次难忘的消费经验。

仔细控制成本：切勿铺张浪费，凡事节俭，做任何事合理就好，尽量压低营运成本。

充分运用科技：尽量做到自动化。蓝天航空让票务人员在其自家接听订位电话，公司就不须另外成立及维持一个客服中心。蓝天航空的每一张机票都是通过电子管道开立的，上面有许多实时管理信息。

吸引更多注意力：运用游击战行销术，利用口碑广为宣传，可迅速打开知名度。让自己随时准备对着群众说话，设法让民众知道你们做了哪些与众不同的事。

坚守核心价值：建立一套核心价值，以后做任何事都以该核心价值为基础。

二、创业过程中应注意的常见问题及对策

作为大学生，在自主创业的过程中可能会遇到很多难以预想的困难和阻力。在上海举行的一个"创业大奖赛"中获奖的 20 多名大学生最终都遭遇创业"滑铁卢"。究其失败的原因我们可以看出，好高骛远、资金渠道不畅通、缺乏财务税法和市场经济等相关知识

及经验是学生创业的"软肋"所在。

大学生在创业过程中应该注意以下几个问题：

1. 资金渠道不畅

资金难筹几乎是每一个大学生创业者都会遇到的难题。银行贷款申请难、手续复杂，如果没有更广阔的融资渠道，创业计划只能是一纸空谈。

建议：广开渠道，除了银行贷款、自筹资金，还可以借助民间借贷等筹资渠道。

2. 项目选择盲目

目前，大学生创业的项目选择多集中在高科技领域和智力服务领域，如软件开发、网络服务、网页制作、家教中介等。但大学生并不了解市场，只是凭自己的兴趣和想象，甚至仅凭一时心血来潮就决定干哪一行，一定会碰得头破血流。

建议：大学生创业者在创业初期一定要做好市场调研。另外，大学生创业者资金实力较弱，选择启动资金不多、人手配备要求不高的项目，从小本经营做起比较适宜。

3. 缺乏创业技能

很多大学生创业者既不了解相关政策法规，也没有在相关企业的工作、实践经历，缺乏能力和经验，却对创业的期望值非常高。当创业计划转变为实际操作时，才发现自己根本不具备解决问题的能力，这样的创业无异于纸上谈兵。

建议：一方面，去企业打工或实习，积累相关的管理和营销经验；另一方面，积极参加创业培训，接受专业指导，提高创业成功率。

4. 缺乏法律知识，不善规避风险

业内人士指出：大学生是否具备风险意识和规避风险的能力，将直接影响创业的成败。尤其在相关法规方面，创业者要注意几点：一是投资人与融资人的法律主体地位。如矿产资源的开发，没有企业的授权或国有资产管理部门的授权，开发者就无权与投资人就投融资问题达成任何协议。二是融资方式的选择。如债权融资、股权融资、优先股融资、租赁融资等，各种融资方式对双方的权利和义务的分配也有很大的不同，对企业经营的影响重大。三是回报形式和方式的选择。例如债权融资中本金的还款计划、利息计算、担保形式等需要在借款合同中重点约定。四是股权安排。股权安排是投资人和融资人双方在即将成立的企业中的权利分配的博弈，是需要慎重考虑的事项，等等。

建议：认真学习成功者的经验，熟悉和正确使用相关法律法规。

5. 性别因素对创业有影响

男女有别，这是我们必须承认和面对的。女性创业家不同于男性创业家的一点是，不少创业女性不求大、只求好；不求快、只求稳，不急于追求企业的快速增长，而是在兼顾既有资源可以获利的前提下，使得企业稳定发展。不过相反地，也正是因为女性求稳的性别特质，所以在社会剧烈变迁的时候，会难以适应，容易裹足不前。另外，女性创业的过程，除了受其本身的创业经验所影响，也与其生命历程和家庭关系密切相关。

建议：增强冒险意识，提高理性思维能力，用自信和顽强打造成功。

例如，"创业家园"网站创始人吴明华，大学毕业后来上海创业，至今已3个年头了。期间，吴明华体验了创业的甜酸苦辣，接触了形形色色的大学生创业者，对大学生创业有着深刻的感受和认识。作为"过来人"，他提醒大学生创业者，注意规避以下雷区：

（1）眼高手低。比尔·盖茨的神话，使IT业、高科技业成为大学生眼中的创业金矿，以至于不少学生不屑于从事服务业或技术含量较低的行业。其实，高科技创业项目往往需要一大笔启动资金，创业风险和压力都非常大，大学生如果对自身经验和能力认识不足，对创业的期望值又过高，一开始就起点较高，很容易失败。因此，大学生创业不妨放平心态，深刻了解市场和自己，然后从小做起，从实际做起，第一步走稳了再走第二步。

（2）纸上谈兵。缺乏经验是目前大学生创业中普遍存在的问题，不少大学生创业者不习惯对其产品或项目做市场调查，而是进行理想化的推断。例如"如果有3亿人需要我们的产品，每件售价100元，我们就有300亿元的销售市场"这种推断方法是站不住脚的，而且常常起着误导作用。大学生在创业初期一定要做好市场调研，一些可行性研究也可委托专业机构进行，在了解市场的基础上创业，才能长久。

（3）单打独斗。在强调团队合作的今天，创业者想靠单打独斗获得成功的概率正大大降低。团队精神已成为不可或缺的创业素质，风险投资商在投资时更看重有合作能力的创业团队。如今大学生一般都有个性，自信心较强，在创业中常常自以为是、刚愎自用，这些都影响了创业的成功率。因此，对打算创业的大学生来说，强强合作，取长补短，要比单枪匹马更容易积聚创业实力。

（4）缺乏商业信用。在校大学生信用档案与社会没有接轨，导致融资借贷困难重重；

（5）缺乏责任感。独立人格没有完全形成，缺乏对社会和个人的责任感，甚至毕业后有继续依赖父母过日子的想法。

（6）心理承受能力差。遇到挫折就放弃，有的学生在前期听到创业艰难，没有尝试就轻易放弃了。

（7）缺乏可行性分析。具有一定的盲目性。

（8）社会经验少。特别是对于社会的阴暗面，商海的凶险、复杂性认识不足。

（9）管好资金。企业是由人才、产品、资金组成，自有资金不足，会导致创业者利息负担过重，无法成就事业。因此，一定要有"多少实力做多少事"的观念，不要举债经营。

（10）慎选行业。要选择自己熟悉又专精的事业，初期可以小本经营或找加盟合作，按照创业计划逐步发展。

（11）放眼长远。小企业的发展，稳健永远要比成长更重要，如果你每年能有30%的利润，3~5年后你就能有机会把事业做得更大。因此，要有跑马拉松的耐力及准备，一步一个脚印，按部就班，不要存在抢短线的做投机的幻想。

（12）先求生存。要先扎好根基，求生存后再求发展，切勿好高骛远、贪图业绩，必须重视经营体制，步步为营，再求创造利润，进而扩大经营。

（13）精兵简政。公司初期必须精简、节约、高效、务实，不要追求表面的浮华，不必为太长远的设想先期投资。

（14）坚韧不拔。有计划、有目标、有理想，还必须有坚强的耐心和意志力来实施，用微笑面对挫折，不达目标决不罢休。

（15）结好同盟。创业一定要讲求联盟战略，特别是要与同业联盟，在自有产品之外，附带推销其他相关产品。这样不仅能提高自有产品的吸引力、满足顾客的需求，还能增加自己的竞争力和收益。

（16）只见冰山一角。创业是一个系统工程，它要求创业者在企业定位、战略策划、产权关系、市场营销、生产组织、团队组建、财务体系等一系列领域有一定的知识积累，大学生有了好的项目或想法，只是代表"创业的长征路"刚跨出了一步，而在我们的大学生创业者中，认为凭一个好的想法和创意就代表一定能创业成功观念的人也不少，而在创业准备时对可能遇到的问题准备不充分或根本就没有思考对策和设计好退出机制，对来自各方面的反面因素浑然不知，而导致一开始便遇到各种各样的难题，使创业者还没有走出多远即以失败告终。所以，创业者不是全才，但要着眼于全才。

（17）工作的核心是什么。按现代企业制度组建的公司是一个以盈利为目的的组织。这是公司的定义，但可能很多人不以为然，以为现代公司是以客户为中心、是以社会价值为中心、是以产品质量为中心如此等，这都是错误或有偏见的观念，因为一个企业如果能盈利，也就表明了它存在的价值（除了非守法的公司外）。所以我们可以说，创业者的工作核心就是盈利，也就是增加收入，减少支出，这是创业者工作中的最高原则，是一个创业型企业生存和发展的基础，但在很多大学生企业里，明显存在着因在公司核心原则上认识不足或不深刻，而导致创业工作效率不高。有的创业者很辛苦在工作，也的确是很执着，但因为他的工作与公司盈利有偏差而导致公司陷入困境。可以说在合法的经营范围内，"能否赚到钱"是衡量创业者工作的唯一标准。

（18）团队精神。这四个字也许是最平常、最易懂的管理概念了，但由于大学生这一特定创业群体，一般为年龄在25岁以下的大学生，他们的社会和人生经验都不足，而且处于热血沸腾的感情阶段，个性化、自信力等都较强，所以在团队组建、团队分工、团队规则制度等诸多体现"人与人合作"的工作中，大学生创业者往往会出现"一人是龙、二人是虫"的情形。纵观当前时代发展趋势，社会分工越来越细，越来越专业化，任何创业者想依靠单打独斗而胜利的可能性已降得很低。在实际工作中，大学生常会出现以己为主、刚愎自用等不利于合作创业的情形。

（19）犯错与改正。一次营销决策失误、一次小型财务危机抑或是一次上门推销失败，都有可能成为大学生创业路途中的绊脚石，都会在一定程度上打击没有打创业持久战的大学生创业者，让他们在心理上元气大伤。其实，大学生要正确看待创业过程中遇到的问题和麻烦，这是十分正常不过的现象，我们只要在犯错后迅速改正，或多多请教别人的意见和建议，一定会吃一堑长一智，要善于在交了犯错误的"成本"后，我们要善于分析和总结，要学会从失败中找到自己的弱点和不足，并加以改正。很难想象没有错误的创业会成功。

（20）坚持就是胜利。再充分的创业准备都是不完善的、再周密的商业计划书也难免有没有顾及的地方、再团结的创业伙伴也会发会摩擦、再厚实的资金有的周转不灵的时候——这些都说明在瞬息万变的创业环境中，能影响我们创业的不定因素太多了，谁都无法保障，在下一个路口我们能选对方向，所以创业过程中会遇到挫折和失败是再正常不过的事情了。也许有时候会觉得前途一片茫然，有时候会觉得自己很无助，有时候又觉得创业太过辛苦，无法再继续。但就像子夜到了黎明就不会远一样，胜利的曙光就在你最困难时刻的前面，坚持就是胜利。

三、大学生自主创业应遵循的几个原则

1. 及时了解市场，准确分析市场

随着大学生毕业人数大幅增加，大学生就业面临严峻形势，国务院发文提倡并大力支持大学生自主创业。但是，当年轻人真要面临创业的时候，却有太多的胆怯和退缩，缺乏资金、不了解市场、不善理财、不懂管理，这一切都成为他们不得不面对的问题。事业成功与否很大程度上取决于对市场的了解。当你想要投入某个项目或进入某个领域的时候，最好能够进行可行性研究，可以委托给专业的公司进行。如果觉得没有能力投入的时候，也要尽可能地利用自己的现有资源进行了解和调研。

大学生在确定创业之前，一定要多了解市场情况，尽可能地把握市场的趋势。应该总体分析投资的长远性和发展性。

2. 谨慎选择投资项目，投资不宜过多

由于大学生自身市场经验、管理能力等方面的不足，初次创业的成功率低，很大程度上这是他们自我摸索和学习的一个阶段，如果投入过有多、过大，一旦失败，会对今后的发展产生巨大影响。因此，应尽量将初次创业资金数额减到最低。选择那些只需要少许现金，并能充分实现个人才华和专长的事业做起，给自己一个经验积累和资本累积的过程，切勿贪多求快。

3. 综合分析，避"热"就"冷"

由于缺乏对市场的认识，初次创业者很可能把眼光盯向那些所谓的热门。事实证明，投资失败的人，一个通病就是赶"热门"，看到别人做什么赚钱也跟着做。但是真正成功的人，决不会去赶"热门"，而是留心发现商机，寻找"冷门"，从而抢先进入市场、占领市场。所以要努力寻找那些有市场需要，或有某种潜在需要、却又没人做的事情。要研究人们生活中还有哪些不便，能不能通过某种服务或产品解决人们生活的不便。如果能通过自己的行为创造市场、引导市场，那就更高明了。

4. 多比较、多考虑，准确选址

怎样选择公司的位置是很有讲究的，甚至能决定你事业的成败。繁华商业圈租金太高，似乎难以负担。选交通不是很方便，租金又低廉的，又担心会无人问津或给工作开展造成不便。工厂、仓储等企业为了减少中间环节，降低生产成本，提高运行效率，可以选在开发区。而公司以交通便利、商务服务完善、租金合理为原则。对于那些服务性行业，可根据经营内容来选择地址，服装店、小超市要开在人流量大的地方；保健用品商店和老人服务中心，就适宜开在安静但又有固定客源的地方。

四、大学生创业应当受到社会的关注和帮助

大学生创业难固然有其先天不足之处，但社会和家庭的不信任、学校创业教育的空白、相关政策的不完善和银行贷款难等问题也是制约大学生创业的重要因素。大学生创业者们在怀着激情和梦想勇往直前的时候，他们也渴望得到全社会的支持和帮助。

国家高度重视和大力支持大学生自主创业。国家工商总局曾发出通知，高校毕业生从事个体经营的，一年内免交五种行政费用。另外，关于自主创业大学毕业生的户口、档案和职称评定等问题，国家和各级主管部门，人才服务机构都开始制定和完善相关的政策及具体的措施，为自主创业的大学生免除后顾之忧。现在，国家和全社会都在关注并支持大学生创业。

第四节 创业准备及一般创业过程

一、创业准备

1. 基本知识和能力的准备

创业者只有具备了适应时代和社会发展要求的基本的知识及能力，才有可能在创业的道路上披荆斩棘，取得成功。我们在本章第二节的创业素质中对创业者的必备知识和能力有了详细的阐释，在此不多赘述。

2. 资金的准备

创业资金的筹集对于每一个创业者来说都是至关重要的。首先必须准备一笔启动资金。如果没有资金，一切就无从谈起。资金的来源可以通过各种渠道筹划，如自有资金、集资、贷款及与别人合伙等。启动资金越充分越好。这是因为经营启动后可能会遇到资金周转困难的情况。特别是刚开始经商，这种可能性更大，而边经营边筹划资金的能力，又远不如已经有一定根基的商人。如果准备资金不到位，就可能因一笔微不足道的资金弄垮你刚刚

起步的事业。因此，要充分考虑开业资金的筹措，适时、适量、适度地储备和使用，做到资金使用的统筹安排，力求把风险降到最低程度。

自己的资金不够，可以通过亲戚朋友集资，也可以动员其他老板来投资，或从银行贷款。通常贷款要三个方面的条件：一是有不动产做抵押；二是项目要有吸引力；三是与银行要保持良好的关系。切记，贷款本身不是目的，重要的是项目投资收益，能保证按时还本付息。贷款不能延期更不能欠息，否则，就会失去信用。商业信用是商人的生命。特别要注意资金使用风险，不可把你所有的资金都投入到一个项目去，也不可超过你盈利能力大额举债，要想办法分散投资风险。如将资金分三块使用，一块用来投资项目；一块用作项目备用金；一块用于风险较低的储蓄、债券和股票投资。在保证投资收益的同时，尽可能降低投资风险。

3. 参加创业训练和社会实践活动

为了加强大学生的创业教育，提高成功创业能力，许多学校、社会教育机构及企业都积极开展有关创业训练的活动。如 2006 年 11 月华中科大首次举办大学生创业精英训练营，请了一批有丰富实战经验的名师，包括企业老总，来训练、考察这批学员。训练内容包括创业的准备、市场调研、谋取市场切入点、有效融资、灵活管理、经营博弈、市场营销等。50 名最后优胜者可代表学校参加各种创业计划大赛，获推荐进入名企带薪实习或就业，获得学校或企业的创业启动资金。准备创业的大学生应该积极参加这样的训练，以激发自己的创业意识和创业精神，学习和检验自己的创业素质及能力，并得到进一步的提高。

大学生在校期间，利用课余和寒暑假时间，通过参加一定的社会实践活动，接触社会、了解社会，同时理论联系实际，增强动手实践能力，培养交际能力等，也是提高创业能力的一个有效途径。在社会实践的任务方面，大学生应该走进市场经济大潮中，从事市场调查、商业实践、管理实践等活动，有意识地提高自己适应社会、了解市场的能力。

大学生创业不是一蹴而就的，这需要能力和素质的不断提高、经验和经历的不断积累。有志于创业的大学生，应该在求学中做好充分的准备，培养和锻炼自己的能力，尽可能地提升自己，这样才能在机会来临时一展身手，走向成功。

4. 市场项目调查和预测

市场经济的最大特点就是竞争，而且是激烈的竞争，适者生存，否则就要被残酷地淘汰。因此，创业之初一定要对相关的市场做充分的调查和预测，绝不可贸然行动。市场调查主要从以下几个方面进行：

（1）生活结构调查

如人口调查，主要内容是消费者的人口数量、年龄结构、文化状况、职业层次、社会阶层、宗教信仰等。消费习惯和消费水平的调查，不同层次、不同爱好的人，有不同的消费习惯；家庭的平均收入往往决定着消费水平。消费者的心理因素和个性特点等也会直接影响产品的市场。

（2）城市结构调查

主要包括城市的地域、交通、繁华地段及城市的各项机能等。

（3）竞争对手的调查

"知己知彼，百战不殆"。现代企业之间的竞争肯定也不例外。只有更多地了解竞争对手的信息，企业在制定策略，尤其是营销策略方面才能更有针对性。

（4）外部环境调查

如政府所发布的相关法律法规等；当地经济发展水平、发展方向、工农业生产等情况；当地生活水平、消费趋势和购买力；原材料、劳动力资源；交通、地理条件、自然气候等。

二、编制创业计划书

创业计划书又称为商业计划书，大致可以分为两类：第一类是略式创业计划书。它是一种比较简明短小的计划，包括企业的重要信息、发展方向，以及少部分重要的辅助性材料。它的内容通常只有 10 ～ 15 页。一般情况下，略式创业计划书适用于申请银行贷款、试探吸引投资家创业资本。第二类是详式创业计划书。它的内容一般有 30 ～ 40 页，并附有 10 ～ 20 页的辅助文件。创业者能够对创业思路做一个比较全面的阐述，尤其能对关键部分进行较详细的论述。它的用途主要有：详细探索和解释企业的关键问题、寻求大额的风险投资。

一本创业计划书主要有三大部分。第一就是事业本体的部分，就是事业的主要内容。计划完本体的部分后，再来就是财务相关的数据，比如说预测会有多少的营业额，成本如何、利润如何，为此未来还需要多少的资金周转等。第三是补充文件。比如说有没有专利证明、有没有专业的执照或证书，或是意向书、推荐函。

1. 创业计划书的作用

（1）创业计划书是减少风险的有效途径

做创业计划书，能够比较客观地帮助创业者分析创业的主要影响因素，能够使创业者保持清醒的头脑，对要创业的项目有更深刻的认识。同时，在对创业的理由进行正反两面的推敲时，创业者能对项目有更清楚的认识，这有助于降低创业的风险，增加创业者的创业决心。

（2）创业计划书是筹措资金的通行证

一项比较完善的创业计划，可以起到向风险投资家游说创业投资的作用。创业者创业要成功，离不开资金。一份好的创业计划书显示了事业经营的构想和策略，产品市场需求的规模和成长潜力，同时也证明了创业者对市场和财务的分析预测是有根据的。所以，从这个意义上讲，一篇优秀的创业计划会成为创业者吸引资金的"敲门砖"和"通行证"。

2.创业计划书的内容

创业计划书应具备的内容：计划摘要、事业描述及产品（服务）介绍、市场分析、经营计划、财务计划、生产计划、组织结构、风险评估和附录九个部分。

（1）计划摘要

计划摘要是创业计划书最前面的部分，是最浓缩、最精华的部分。它应当涵盖创业计划的主要内容，要说明本企业与其他企业的不同之处及企业获得成功的市场因素。它应当保证投资者能够一目了然地了解创业计划并利于评估。计划摘要回答以下问题：①企业所处的行业是什么，企业的性质是什么，是个体工商户、合伙企业、有限责任公司还是其他类型，企业的经营范围是什么；②企业的主要产品是什么；③企业的市场在哪里，客户群是什么样的，他们有哪些需求，需求产品的功能水平如何；④企业的可用资源有什么，包括客户资源、人力资源、行业资源、合作伙伴等；⑤资金需求情况怎样，需要多少钱开办企业，主要用途在哪，资金的偿还方式怎样；⑥企业的管理团队怎样，包括企业的主要人员的基本情况、受教育经历、所持股份、在公司的职位等。

计划摘要部分是创业计划书中最重要的部分之一，它的作用是让投资者对创业计划有个大致了解，吸引投资者的注意。所以，计划摘要要写得简明扼要，篇幅不宜过长，两页为宜。

（2）事业描述及产品（服务）介绍

事业描述，就是你的事业到底是什么。必须描述所要进入的是什么行业？是买卖业、制造业还是服务业？卖什么产品？还是提供什么服务？谁是主要的客户？还有进入产业目前的生命周期是处于萌芽、成长、成熟还是衰退阶段？要进入事业的状况是新创的？还是加入或承接既有的？那么是要用独资的方式呢还是合伙或公司的型态？为何能获利、成长？打算何时开业？是否有季节性？等等。

同时对你所提供的产品或服务进行介绍，即企业能提供的产品（服务）的内容，产品（服务）竞争对手分析，产品（服务）的研究开发过程，产品（服务）的市场前景分析，产品的技术支持和售后服务。

产品（服务）介绍要解决以下问题：①你能提供的产品（服务）的内容，它是怎样满足市场需求的；②产品的生命周期怎样，产品（服务）处于哪个阶段，是否经过市场的验证；③与市场现有的产品或服务相比其优点在哪里；④产品的技术水平与同类产品相比是否有优势；⑤对于技术型企业，要回答研发的目的、投入和研发重点在哪里，让投资人对企业的研发能力有充分信心；⑥对客户提供的售后服务和技术支持怎样。

在进行产品（服务）介绍时，要注意详细准确，通俗易懂，让不懂技术的人也能读懂这个部分的内容。

（3）市场分析

创业者要进行详细的市场分析和预测，同时提高市场分析的可信度，以保证投资者的信心。市场分析这个部分包括三个方面：第一，顾客的需求分析，包括目标市场顾客的描述和分析，市场容量和趋势的分析预测；第二，市场竞争分析，包括竞争分析和各自竞争优势，估计的市场份额和销售额，市场发展的趋势；第三，宏观环境的分析，包括企业所处的产业环境的发展、所处的行业环境，要明确企业所处的环境如何帮助实现或阻碍计划的实现。在进行市场分析时，要注意周密详细，客观真实，必须经过实事求是、认真细致的工作才能获得第一手的市场分析资料。

（4）经营计划

经营计划主要是指企业如何开展产品和服务的营销活动，它是决定企业能否经营成功的最主要因素之一。经营计划主要包括：①产品的品牌策略、包装策略和营销策略；②产品的营销渠道的选择；③产品的促销策略的选择；④产品的定价策略的选择。

（5）财务计划

财务计划的目的是让投资者对企业的可能的财务状况更有信心。财务计划主要解决的问题包括：企业是否有能力承担短期负债，企业能否利用资产产生足够的营业利润，企业是如何筹措资金的，企业的拥有者是否能得到收益或回报。财务计划一般包括的内容有：①财务假设的立足点；②预计的会计报表（包括资产负债表、损益表）；③财务分析（包括现金流、本量利、比率分析）。其中融资计划是创业计划的关键部分，是创业投资者十分关心的问题。内容包括：资金需求量及资本结构；如何使用这些资金、说明投入资金的用途和使用计划；投资人可以得到的回报。预计未来 3 ~ 5 年平均每年净资产回报率，投资方以何种方式收回投资，具体方式和执行时间。

企业的财务规划要保证与创业计划书一致。事实上，财务分析与企业的生产计划、经营计划和组织计划是紧密相连的。

（6）生产计划

生产计划应当包括以下内容：设备的购置、设备的更新、生产计划的制订、产品制造和技术水平、质量控制和改进计划等。生产计划要依据投资规模和销售计划而进行编写，只有这样才能使企业走上健康之路。

（7）组织结构

高素质的管理人员和良好的组织结构是管理好企业的良好保证。企业管理人员的素质高低直接决定了企业经营风险的大小。这也是风险投资者为什么特别关注企业的人员组织结构的原因。一个企业必须具备负责产品研究开发、营销、生产管理、财务方面的人才，这几类人才各司其职，要求工作能力强、能够独立开展工作，其基本情况、教育背景、工作经历都要在组织结构部分进行详细说明。企业的结构也要进行介绍，包括组织机构设置、人员设置构成、各部门的职能等。此外，企业文化即企业的价值观体系也可以在本部分进行介绍。

（8）风险评估

对于创业者来说，既有盈利的可能，也有亏损的风险。所以在编写创业计划书时，要客观理性地列出可能的风险因素，估计其发生的概率，对企业的影响，以及解决办法。进行风险评估是为了确认进行风险投资可能会产生风险。风险不是说有人竞争就是风险，风险可能是：当初选的地点旁有捷运，可是后来捷运不经过。还有进出口会有汇兑的风险、餐厅有火灾的风险。另外，还要注意当风险来时如何应对。只有列出可能产生的风险，才能提醒经营者制定出有效的防范措施，维护投资者的利益。

（9）附录

一般来说，附录的主要作用是附上与创业有关的佐证材料，可分为附件、附图和附表三部分。①附件包括董事会名单及简历、公司章程、产品说明书、市场调查资料、专利证书、鉴定报告、注册商标；②附图包括企业的组织结构、工艺流程图、产品展示图、产品销售预测图、项目选址图；③附表包括主要产品目录、主要客户名单、主要供应商和经销商名单、主要设备清单、市场调查表、现金流量预测表、资产负债预测表、损益预测表。

需要注意的是，创业计划书的模式并不是固定的，要根据创业者自身的需求和千变万化的投资机遇来灵活制订。但是从根本上讲，你所撰写的创业计划书无论是为了寻求外界的风险投资，还是为了指导将来实际中的创业执行，其根本点都是为了让投资人相信该项目的投资将会给自己带来巨大的回报，一份优秀的计划书会起到相当重要的作用。

3."挑战杯"创业计划大赛简介

创业计划竞赛起源于美国，又称商业计划竞赛，是风靡全球高校的重要赛事。它借用风险投资的运作模式，要求参赛者组成优势互补的竞赛小组，提出一项具有市场前景的技术、产品或服务，并围绕这一技术、产品或服务，以获得风险投资为目的，完成一份完整、具体、深入的创业计划。

"挑战杯"全国大学生系列科技学术竞赛由团中央、教育部、中国科协、全国学联联合主办，分课外学术科技作品竞赛和创业计划竞赛两类，每两年一届间隔举办，已被公认为中国大学生的"科技奥林匹克盛会"。"挑战杯"中国大学生创业计划大赛旨在引导大学生适应深化教育改革、推进素质教育的要求，了解创业知识，培养创业意识，树立创业精神，提高创业能力。从最初的 19 所高校发起，发展到 1000 多所高校参与；从 300 多人的小擂台发展到 200 多万大学生的竞技场。"挑战杯"竞赛在广大青年学生中的影响力和号召力显著增强。

竞赛采取学校、省（自治区、直辖市）和全国三级赛制，分预赛、复赛和决赛三个赛段进行。

大力实施"科教兴国"战略，努力培养广大青年的创新、创业意识，造就一代符合未来挑战要求的高素质人才，已经成为实现中华民族伟大复兴的时代要求。作为学生科技活动的新载体，创业计划竞赛在培养复合型、创新型人才，促进高校产学研结合，推动国内风险投资体系建立方面发挥出越来越积极的作用。

三、一般创业过程

1. 识别和评估市场机会

创业者初创企业的动力往往是发现了一个新的市场需求或发现市场需求大于市场的供给能力，或认为新产品能够开启新的市场需求。但是，这样的市场机会并非只有创业者自身认识到了，其他的竞争者也许同样准备加入这个行列。因此，并不是每个市场机会都需要付出行动去满足它，而是评估这个机会所能带来的回报和风险，评估这个市场机会所创造的产品（服务）生命周期，它能否支持企业长期的获利，或能够在适当的时候及时推出。

2. 准备并撰写创业计划

创业计划是说服自己，更是说服投资者的重要文件。不仅如此，创业计划书也将使创业者深入地分析目标市场的各种影响因素，并能够得到基本客观的认识和评价。同时，创业计划书将迫使创业者认真分析创业过程必须获得的创业资源，了解自己已经获取的资源，需要获取的资源，以及获取这些资源的途径和方法。使创业者在创业之前，能够对整个创业过程进行有效的把握，对市场机会的变化有所预警，从而降低进入新领域所面临的各种风险，提高创业成功的可能性。

3. 确定并获取创业所需资源

创立企业需要对创业资源予以区别对待，对与创业十分关键的资源要加以严格的控制和使用，使其发挥最大价值。而且对于创业来说掌握尽可能多的资源有益无害。当然还有一个问题是如何在适当的时机获得适当的所需资源。创业者应有效地组织交易，以最低的成本和最少的控制来获取所需的资源。

4. 管理新创事业

从企业发展的生命周期来说，新创企业需要经过初创期、早期成长期、快速成长期和成熟期。在不同的阶段，企业的工作重心有所不同。因此，创业者需要根据企业成长时期的不同来采取不同的管理方式和方法，以有效地控制企业成长，保持企业健康地发展。比如，在初创时期和早期成长期，创业者直接影响着新企业的命运，在这一时期，集权的管理方式灵活而富有效率，而到快速成长期和成熟期，分权的管理方式才能使企业获得稳步的发展。

四阶段的描述虽然能够把创业的过程表示出来，但还不能够清晰地展示创业过程的全貌，我们认为，创业一般有以下几个基本过程：

1. 寻找项目，确定目标

确定目标就是明确自己的制富行业，这是一个需要综合考虑主客观条件、权衡利弊、深思熟虑的过程。在面对许多潜在的市场机会时，不可眼花缭乱，什么都想干，一定要从自身实际出发，发挥自身优势，把心思集中到一个特定目标上来。

2. 市场调研和分析

市场调研是对项目可行性的论证，使创业的主观选择建立在客观的基础之上。主要包括市场的环境、需求、供应和营销活动等范围的调研及分析。

3. 咨询创业顾问

在初步选定项目和所在行业后，有必要向相关政府部门、行业组织和特许经营顾问等咨询，听听他们对项目所在行业、某个具体项目及项目企业的看法和判断。

4. 筹措资金

创业必须要有足够的启动资金。大学生应该广开思路，解决资金问题。也要重点了解国家和地方政府对大学生创业的扶持性政策，争取这样的政策性扶持资金。

5. 工商注册和生产许可证申请

慎重选择经营场地，根据法规要求到工商部门注册登记，取得生产及营业许可证。企业法人登记注册的主要事项是：企业法人名称、住所、经营场所、法定代表人、经济性质、经营范围、经营方式、注册资金、从业人数、经营期限、分之机构等。

6. 税务登记

根据《税收征管法》规定，须办理税务登记的对象主要有两大类：一类是从事生产经营的纳税人，须领取工商营业执照，自领取营业执照之日起 30 日内，持有关证件，向税务机关申报办理税务登记。另一类是指不从事生产经营的纳税人，但依照法律、行政法规规定有纳税义务的单位和个人除临时取得应税收或发生应税行为，以及只缴纳个人所得税、车船使用税的外，也应按规定向税务机关办理税务登记。

7. 企业日常管理

企业成立后，几乎每天都要做出决策。因此，管理者时刻要有心理准备，不仅要关注外部环境，而且要监督企业日常的运营，识别任何影响、机会和威胁。

8. 创立品牌和信誉

品牌是一种无形资产，对企业的成长和发展至关重要。企业初创时期，由于品牌和信誉等问题注意不够，可能会有各种粗糙的情况出现。但到了发展壮大时期，则塑造自己的品牌和信誉度就刻不容缓，它将使企业获得长远而稳定的发展优势。

9. 建章立制，规范管理

企业的规模急剧扩大后，原有的管理模式往往已不能适应新的需要，阻碍企业的发展。因此，企业中必须根据新的形势建立一系列规范而科学的管理制度，提高企业的素质，增强核心竞争力。

第六章　创新能力与创新创业教育

第一节　知识经济创新的趋势

知识经济时代是经济加速全球化的时代。在知识经济条件下，创新学的理论和实践必然突破国界的限制，成为具有跨国性、普遍性、通用性的学科。在知识经济时代，人类创新变革的十大趋势如下。

趋势一：创新一营销的主旋律。创新是知识经济时代营销管理进步的表现，也是知识经济时代管理发展的动力。创新始终贯穿于整个管理发展的过程之中。

趋势二：知识——最重要的管理资源。。知识经济时代突出表现为以下特征。

①知识成为主导资本。

②信息成为重要资源。

③知识的生产和再生产成为经济活动的核心。

④信息技术是知识经济的载体和基础。

⑤经济增长方式出现了资产投入无形化、资源环境良性化、经济决策知识化的发展趋势。

知识是知识经济时代的主要资源，也是管理中的最重要和主要的资源。知识经济时代的管理是知识化的管理。

趋势三："学习型组织"——知识经济时代的成功管理的模式。知识经济是相对于农业经济、工业经济而言的，它是建立在知识和信息的生产、分配、交换和使用基础上的经济。知识用于经济，知识成为经济发展的主要动力。学习是接受新事物、发展新管理和提高软产品功能的一个重要途径。知识经济时代的管理实质上就是增加管理的知识成分，发展知识管理创新系统。

趋势四：快速的应变力——知识经济时代的新要求。管理快速反应的应变能力是管理效率的体现，也是赢得管理主动权的关键。

趋势五：权力结构转换——变正金字塔为倒金字塔。这是知识经济时代管理体制的改革，也是公司管理的一次飞跃。知识经济一方面促进世界新时代的到来，加速经济全球化的进程，使知识化取代工业化；另一方面促使全球面临新的国际分工。知识经济发达国家将成为"头脑国家"，而知识经济发展滞后者将沦为"躯干国家"，听"头脑国家"驱使。从地缘经济的角度看，管理者要服从这一经济模式所带来的国际发展趋势需要。

趋势六：弹性系统——知识经济时代的跨功能、跨企业的团队。这是知识经济时代管理的一种变通战略的实施，而管理则成为一种特殊的知识财富。

趋势七：全球战略——知识经济时代公司营销决战成效的关键。知识经济时代，是全球实现运作一体化的时代。全球化的大浪潮将以惊天动地的速度和力度，向人类社会的一切领域挺进，且无论是深度还是广度，都将登峰造极。在知识经济时代，管理协作已成为全球化的问题，管理体系向全球体系发展，将逐步演变成一个全球的大系统。

经济全球化是当今世界经济发展的最重要趋势，现代化大生产本身的客观规律必然要求实现全球化分工。在这一经济规律的驱动下，各国公司和产品纷纷走出国门，在世界范围内寻求发展机会，许多产品都已成为全球产品，许多支柱产业也已成为国际支柱产业，而不是某一国的产品或产业。特别是一些实力雄厚的跨国公司，早已把全球市场置于自己的营销范围内，以一种全球营销的观念来指导公司的营销活动。例如，可口可乐公司在世界几十个国家都有生产点并在100多个国家拥有市场，成为一个总部设在美国的全球公司；空中客车公司早已不是法国公司而是欧洲公司，并把营销触角伸向各国市场，这些公司都把眼光放在世界地图上开展全球营销活动。

趋势八：跨文化管理——管理文化的升华。在知识经济时代，管理成了一种人的艺术，成了全球的一种新文化现象。管理科学的发展过程也是管理科学跨地域、跨国界的传播过程。

趋势九：实现"忠诚目标"——即顾客满意、员工满意、投资者满意、社会满意，这是公司永恒的追求。知识经济时代的管理是重视市场和用户的管理。

趋势十："没有管理的管理"——管理的最高境界。在知识经济时代，管理向制度化、规范化和智能化发展，一种全新的软管理形式将出现。

第二节　知识创新的概念

知识和知识创新是知识经济时代新的资源，这就是知识经济新资源配置的定位。知识经济是以知识创新、智力等无形资产和软产品等资源为第一要素。

一、知识创新的特征

（一）知识创新是力量的源泉

知识工程是21世纪人类发展的核心工程，同时，它也是人类进步的动力。知识是人类社会之根本，是可以为人类带来超额利润的资源。随着第三次知识革命的兴起，知识产业已形成成为凌驾于农业、牧业、工业、商业服务业之上的新兴产业，它与信息产业构成了超工业的第四产业。因此，知识财富已构成比土地、资本、公司更为关键的社会文明。第一次知识革命和农业革命曾形成了伟大神奇的东方文明，而第二次知识革命和工业革命则形成了无比强大的西方文明，而第三次知识革命和信息革命将融合东西方文明，形成前所未有的全球文明，也就是地球文明。在 21 世纪里，知识在社会生产力增长和社会文明进步中将发挥更大的作用。

（二）知识创新是各国角逐的重要资源

人类社会的知识化是 21 世纪世界的潮流，这股潮流的几个支流如下。

1. 产业知识化

知识在产业中的作用越来越大。知识和知识创新是一种无形的产品，也可以说是软产品。21 世纪，创造和运用管理知识将成为一个新的综合软产品产业。软产品产业包括智能产业和其他知识产业，它们共同组成了大知识产业集群——第四产业群，也称脑业群。

2. 管理知识化

经济管理已让位于科学管理，以至于创立了人工智能管理科学。

3. 社会知识化

科学技术向政治、经济、文化以及生活等各个领域渗透，迫使人们不断吸收新知识，以适应社会发展的需要。

4. 企业知识化

企业知识是企业发展的一个重要因素。独特的创意是 21 世纪企业在竞争中制胜的法宝。企业经营和生产是建立在创新基础上的，要求"人无我有，人有我新，人新我奇，人奇我绝"。因此，21 世纪企业的知识是创新的知识，如知识产权和商标是企业财富的象征，谁有驰名的商标和品牌，谁就拥有广阔的市场，企业的无形资产也随之不断升值。

二、知识创新的价值

21 世纪是知识价值社会和全球知识资本体系出现的世纪。在 21 世纪里，知识创新价值大大提高，知识资本成为世界最主要的资本和最有价值的资产。

所谓知识和知识创新的价值，是指用知识创造出来的价值。其定义是，由于反映社会结构和社会主观意识，被社会所承认的带有创造性的知识价值。它大都体现在物质形态或服务之中。例如，两台硬件相同的电脑，一台虽是另一台的 1.5 倍价格，可还是有不少人购买，这就是说人们承认这台高价的电脑的价值，这个价值即电脑的品牌价值、服务价值等，因此使这台电脑具有比另一台更高的"知识价值"。由于电脑和通信网络的飞速发展，信息和知识的储存、加工、交流变得极为方便，"知识价值"的创造机能，如开发新技术和新产品、计划新事业、创造新的艺术形式等因此而大大加强，"知识价值"将成为社会产品价值构成中的主要部分。

三、知识创新领域

在知识经济时代，知识创新将全部占领陆地、海洋和太空三个领域。

第一大知识创新领域是人类生活的主要栖息地陆地和大陆架，它既是创造文明、发展科学技术的主要基地，也是人类研究和开发的第一大知识领地。

海洋在人类的知识创新活动中也日益重要。海洋是一座知识创新的宝库，在人类现代文明的进程中，海洋活动、海洋文化、海洋科学、海洋生命和海上建筑、海洋实验室等成为人类社会知识创新的第二战场，形成了又一座文明宝库和知识殿堂，海洋产业的兴起，将人类真正带入了大海洋的世纪。

四、知识创新引发知识的革命

21 世纪的知识核爆炸现象是 20 世纪知识创新大爆炸现象的延续。人类对知识的认识表明，由于知识的增长方式取决于知识晶体结构的改变。知识的增长或呈"指数型"或呈"S"形。知识的交叉，新学科群的不断产生，老学科知识的渐趋淘汰和改进，均是知识的单元结晶即知识的集聚形态的先决条件。知识晶体的变化，即由"多晶体"变为"单晶体"，其原因在于在知识的"多晶体"系统中，有一种知识的智能极高，它能迫使其他的知识晶体改变自己的晶型。因此，我们可以看到，随着时间的推移，人类的知识出现了五大奇特的现象：知识爆炸的间隔时间越来越短；知识更新的周期越来越短；知识的深度随时间发展越来越深；知识的精度随时间发展越来越精确；知识的交叉性随综合学科的大量出现越来越广。

第三节　创新能力概述

一、创新能力的定义

创新能力是指在前人发现或发明的基础上，通过自身的努力创造性地提出新的发现、发明或改进革新方案的能力，也是指怀疑、批判和调查的能力，是研究者运用知识和理论，在科学、艺术、技术和各种实践活动领域中，不断提供具有经济价值、社会价值、生态价值的新思想、新理论、新方法和新发明的能力。创新能力主要包括以下五个方面：创新意识、创新基础、创新智能（包括观察能力、思维能力、想象能力、操作能力等）、创新方法和创新环境。

创新能力的定义主要强调以下几点。

（1）在前人发现或发明的基础上。任何人的创新、创造、发明和发现都离不开人类已有的知识和信息。人类社会的发展就是通过不断的继承、批判、发展和创新实现的。

（2）通过自己的努力。对于创新者要有强烈的创新动机、创新精神和良好的创新素质和品格。

（3）创造性地提出发现、发明或改进革新方案的能力。创新能力是在创造过程中体现出来的，创新能力的种种特征均涵盖其中。

二、创新与创新能力的关系

（一）创新与创新能力

创新与创新能力的关系表现在以下两个方面。

（1）创新能力是创新、创造活动中最积极、最活跃的因素，它贯穿于创造性活动的始终。创新能力是推动创新活动的动力，又是开展创新活动的基础，没有创新能力的参与，创新活动就没有生机和活力。

（2）创新成果是创新能力作用的结果。没有创新能力的作用，就不会有新事物的诞生，创新能力通过创新活动和创新成果而显示出来。在创新活动中，创新能力能得到激发和加强，并以创造成果为归宿。

因此，创新能力与创新、创新活动有着不可分割的联系，创新能力对创造性成果的生产具有重要作用。一个人的创造力强，创新能级高，创新性发挥得好，则生产的创新性成果多，生产速度快，创新效率高，创新价值大，带来的影响也越深远。

（二）创新能力开发与创造学

创新性成果的生产必须具备三个要素，即创新能力（素质）、知识经济和环境条件。从某种意义上讲，创新能力比知识更重要。在现实生活中，经常有一些学历不高、书本知识很少，却成果累累的人。而有的人学历高、书本知识多，却一辈子没有搞出什么属于自己的创造成果。例如，科技史关于电灯发明的案例记载，英国斯旺和美国爱迪生都研究电灯。斯旺先着手搞，经过32年的奋斗，发明具有实验价值的电灯，获得1项专利。美国爱迪生在此之后，用了4年多时间，发明出有实用价值的电灯，获得有关电灯的专利100多项。论学历，斯旺比爱迪生高；论书本知识，爱迪生没有斯旺多，但在生产创造性成果的能力上，爱迪生却远远超过斯旺。造成逆差的原因何在？就在于爱迪生在创新能力方面比斯旺高出一筹。

自20世纪30年代以来，人们越来越多地认识到创造力开发的重要性，积极研究开发、应用创造力的对策。实践表明，创造力可以通过开发而得以提高。创新学是指导创造力开发的重要理论基础。

三、创新能力的特性

（一）创新能力是从时时处处皆有的能力

1. 创新能力人人皆有

创新能力是人人皆有的一种能力，即创新能力具有普遍性。它并不分年龄大小、正常人和不正常人，也不分智商高低，更没什么内外行，条件好坏之分。也正因为它是人人皆有的一种能力，创新理论，包括创造学、成功学、人类潜能学才有其存在的必要和意义。

在实际生活中，我们不要因为自身的条件有些不足而认为无法创新，我们应克服下面一些常见的认识误区。

（1）生理残疾无法创新。事实上有些生理有残疾的人，往往会有惊人的创新成果，常常令生理健全的人为之汗颜和羞愧。例如，自幼失聪的美国残疾女孩海伦·凯勒，以她坚韧不拔的毅力，竟然学会了说话、读书和写作，成为著名的教育学家和作家。我国家喻户晓的张海迪，胸部以下都瘫痪了，但她以坚强的毅力和百折不挠的进取精神，克服了人们难以想象的困难和阻力，发表了大量著作和译作，成了青年人的楷模。有一位科学家，因患脑疾，大脑切除了1/4，可是他依然有不少发明问世。这样的实例不胜枚举。

（2）智商不高，难以创新。不少人认为自己智商不高与创新无缘，事实上影响创新最主要、最关键的因素并不是人的智力因素而是人的非智力因素，即情商与逆商。例如，有些智力有所障碍的人对数学、音乐、绘画却有超常的能力。智力并不等于创新能力，高智力更不等于高强的创新能力。

（3）文化水平不高，难以创新。具备一定的知识当然是创新的基础，但并少见的是，高学历未必能创新，过多的知识反而会抑制人的创新能力。

发明家爱迪生，只上了三个月的学，被老师以"笨蛋"为由赶出校门。伟大的科学家爱因斯坦，初中毕业考不上中等学校，而只能进瑞士的一所补习学校学习。比尔·盖茨大学辍学后靠从事软件开发起家，短短的时间内便成为举世瞩目的人物。这样的例子举不胜举，学历并不能代表实际的创新能力。当然每个人也必须要好好学习，只有具备一定的专业知识才能更好地实施创新。

（4）岁数大了，不能创新。创新与年龄没有直接关系。发明家爱迪生81岁取得第1033项专利；奥地利科学家弗贝希87岁荣获诺贝尔奖；萧伯纳93岁完成大作《牵强的故事》；我国的大画家齐白石90岁之后还天天作画；科学家钱学森90多岁还在病床上撰写科学论文。

（5）外行，不可能创新。但事实不是这样，发明电机的莫尔本人是个画家；发明电话的贝尔是语言教师；发现了天体运动规律的开普勒是一个职业编辑；近代遗传学的奠基人孟德尔是位神父，等等。这些例子告诉我们，创新并不直接受行业或专业知识的影响，有时外行人的创新更令行家惊叹。

2. 创新能力时时皆有

创新本身不受时间和空间的限制，每个时期每个人的创新能力表现都不一样。至于在什么时间能产生创新和创意，也是因人而异。也许在白天，也许在晚上，也许在淋浴过程中，也许在闲聊的过程中……创新虽然没有什么严格的时间限制，却有公认的最佳创意时间。

我国古代就已经对什么时间是最佳的创意时间有了深刻研究，古代欧阳修认为骑在马上、睡在枕上、坐在厕上这三个时间阶段为最佳创意时间。美国创意顾问集团主席查里斯·奇克汤姆森做了一个权威的测试，结果位居前 10 位的最佳创意时间是：①坐在马桶上；②洗澡或刮胡子的时候；③上下班坐公共汽车的时候；④快睡着或刚睡醒时；⑤参加无聊会议时；⑥休闲阅读时；⑦进行体育锻炼时；⑧半夜醒来时；⑨上教堂听布道时；⑩从事体力劳动时。

3. 创新处处皆有

创新表现在各个领域、各个行业，它涵盖了社会上所有的职业，所有的方方面面，无一例外。曾有哲人说过：在每个国家里，太阳都是早晨升起的，这句话很有道理。我们也可以这样认为，一个人只要有心创新，那么创新的机会处处都有，它对每个人都是均等的。

由此可见，创新和创意，它能给人们带来成就、快乐和财富。工作、生活和学习中无数的事实证实了一个浅显、普通、深刻却本质的道理：人人、事事、处处、时时都可体现创新。

（二）创新能力是可以激发和提升的一种能力

人的创新与创新能力是可以通过教育、训练、实践激发出来和不断提升的，即创新的可开发性。创新能力的差异是客观存在的，也是开发的前提，它的差异不表现在人的潜能上，而表现在后天的差异上。把创新能力由弱变强，迅速提升人的创新能力，只能通过教育、培训、开发、激励和实践达到。

创新能力的差异正是开发创新能力的前提。虽然每个人都有创造和创新的潜能，然而，由于各个人的素质不同，能动的作用不同，这种潜能的发挥与运用也不尽相同。

（三）创新能力是一种综合性的能力

创新能力是在创新过程、创新活动中所体现出来的，是各种创新能力的合成。就创新能力本身而言，创新思维是创新能力的核心，创新能力构成如下。

1. 探索问题的敏锐力

任何人都有创新的禀赋。善于发现问题、提出问题的能力首先表现为敏锐力》

2. 统摄思维活动的能力

创新思维过程总是从推论的一个环节过渡到另一个环节。创新能力在此就体现为要把握事物整体和全貌，以及从第一步到最后一步的全部推论的过程。为什么在学习过程中要重视对概念的理解与认识？因为概念具有统摄的功能。人们运用抽象的概念就能不断地向知识的广度和深度拓宽和延伸。

3. 转移经验的能力

当我们把解决某个问题取得的经验转移用来解决类似的其他问题时，这就是运用转移经验的能力。

4. 形象思维的能力

用表象进行的思维活动叫作形象思维。创新不仅要用逻辑思维，同时也要运用形象思维，创新是逻辑思维和形象思维的整合。

5. 联想的能力

世上不存在不相联系的事物，创新的本质在于发现原以为没有联系的两个和两个以上事物之间的联系。创新思维的本质在于发现这种联系，联想在其中起着极其重要的作用，联想是由事物想到另一事物的心理过程。

6. 侧向思维能力

能够从离得很远的领域中的状态、特点和性质获得启示的思维方法。这往往是创新思维获得灵感的一个特征。

7. 灵活思维的能力

思维能迅速地、敏捷地从一类对象转变到另一类内容相隔很远的对象的能力，称之为灵活思维能力。主要表现为思路开阔，妙思泉涌。

8. 评价综合的能力

评价综合的能力，在创新活动中主要体现为从许多可能的方案中选定一个最优越的方案的能力，而不是对某一个方案的优缺点的列举，是对诸方案进行综合、比较的综合评价能力。

9. 联结和反联结的能力

联结能力是指人在知觉的时候，把所感知到的对象联结起来，并把这些新的信息同以前的知识和经验结合起来。反联结能力是使知觉和以前积累的知识相对抗，避免以前积累下来的知识的负面影响，把观察到的东西能够纯净化的能力。这两种对称的能力对创新都具有重要的意义和作用。

10. 产生新思想的能力

思考是人生命的重要部分，要获取创新的成果，就要学习、研究和探索，就必须有形成新思想的能力。评价思想的首要准则是其思想的现实可行性，另一准则就是新思想的广度和深度，即能够概括和解释各种各样的大量事实的能力。

11. 预见的能力

预见是人通过想象来推测未来的能力，对未来的发展趋势能进行预测。

12. 运用语言的能力

运用语言的能力是对事物进行准确的、客观地、规范地描述的能力。

13. 完成任务的能力

完成任务的能力是按照预定的目标，不畏艰难险阻，达到目标获取成果的能力。

就创新思维能力来看，它是一种综合性的能力，把创新能力作为一个能力系统来看，它是由众多子系统构成的。

创新能力具有综合性，是创新者应具备的各类能力的综合。但是，就以上诸项能力来看，不可能均衡发展，其中有的强些，有的弱些，正因为如此，才形成了特点各异，在不同领域的杰出的创新者。

第四节　创新人才的培养

21世纪必将充满各种竞争，无论是经济竞争、科技竞争，还是政治竞争、军事竞争，其实质都是综合国力的竞争。这些竞争归根结底又是人才的竞争，尤其是创造性人才的竞争。因此我国要培养大批的创造性人才，这也是关系到社会主义建设事业兴旺发达的大事。培养和造就自身成为创造性人才，首先必须超越创造力开发的各种心理障碍，继而通过培育创新精神，培养创新素质来完成。

一、知识经济人才的特征

在知识经济时代人才优化的过程，就是不断创新。知识经济人都具备着创新时代人、电子空间人、知识国际人、复合智能人和网络系统人五种特征。

（一）创新时代人

21世纪是一个伟大的创新时代，每个人都处于这一时代的大潮中，所以创新经济人才首先是具有创新时代人的特征。管理行为的目标之一是将自己锻炼成为可以进行创新和开拓的智能人，即创新时代人。

（二）电子空间人

21世纪，电子技术和网络将全球所有的人连接在一起，每个人都生活在一个巨大的电子空间之中，每个管理者都生活在高度信息发达的国际社会里，具有电子空间人的特征，任何人不论是从事什么活动，不管是营销活动，还是学习、管理等，都与电子技术息息相关。人才需要掌握各种专业知识和电子运用技术，才可以活跃于国际舞台上。学习行为目标之一是锻炼自己可以自如地通过运用先进的通讯和智能设备，如国际互联网络、智能型终端等设备，穿梭于"地球村"的各个角落。

（三）知识国际人

21世纪，是知识和智能主导社会的时代，知识结构已进入多维化、边缘化、综合化和交叉化的阶段，知识资源共享化是知识经济时代的特征之一。知识国际人素质是每个管理者应具有的素质，这需要掌握一定的知识理论和应用技术，其中社会科学、自然科学、思维科学、数学以及智能技术、耗散结构学、突变论、协同论等跨学科综合知识和专业知识，使自己成为具有超越国界的全球观念和超前的创造思维以及超常规的意识以及多元知识技能的人。

（四）复合智能人

21世纪的特点是要善于综合，把有益的知识和有效的经验有机地联系在一起，精心组织综合就能获得突破，就能实现创新。21世纪，社会人才结构将进行重组，需要的人才是国际型、综合型、复合型和高能型的知识人才。面对综合的世界，每个现代人必须树立综合观念，掌握综合知识，发挥综合人才的优势，进行综合开发。运用综合能力去综合集体的优势，在创造性的综合中实现综合性创造。智能是指人在学习、工作中解决实际问题，对自己所属文化提供有价值的创造和服务的智慧与能力。人的智慧存着一个不断开发、不断充实、不断提高、不断完善的动态发展过程。

（五）网络系统人

知识经济时代是数字化学习时代。自20世纪80年代以来，信息产业的兴起和信息处理价格的降低，以及信息和计算机技术的"数字趋同"，国际网络化加快进程，所有这一切已使知识的创造、存储、学习和使用方式发生了巨大的革命。网络化消除了人们之间的隔阂，使世界联系成了一个巨大的网络系统，而每个管理者都将成为网络系统世界的一分子。因此，管理目标之一就要将自己锻炼成为网络系统人。

二、培养创新人才的途径

（一）培育创新精神

创新精神不是与生俱来的，而是通过后天的培养逐步塑造的，创新精神是创造发明的前提。没有创造的愿望和动机，绝不可能做出创造行为。一般说来，创新精神通过动机、信念、质疑、勇敢、意志和情感表现出来。所以，培育创造精神就是培育顽强的创造动机，培育坚定不移的成功信念，培育顽强的创造意志，以及培育健康的创造情感。

1. 培育顽强的创造动机

培养和激发创造动机，最根本的是要有强烈的事业心和社会责任感，这是激发创造动机产生的思想基础。优秀的发明家总是把献身发明创造活动、造福人类作为自己的崇高理想。著名化学家诺贝尔曾豪迈地说："我是世界的公民，应为人类而生。"诺贝尔也终身实践着自己的诺言。他一生中对人类最大的贡献是发明了硝化甘油炸药。在试制炸药的过程中，多次发生爆炸，甚至 1864 年 9 月的一次严重爆炸，工厂被炸毁，诺贝尔的弟弟和 4 名工作人员一起丧身。尽管诺贝尔也多次被炸得浑身是血，但他从不灰心，从不退缩，勇敢地面对死神 9 因为诺贝尔心里十分清楚，炸药一旦用于生产，将给人类创造极大财富。今天，我们只有树立为祖国繁荣昌盛而努力奋斗的崇高理想，才能献身现代化建设大业，把自己的生命融于这一事业中，从而产生创造的强大动力。

2. 培育坚定不移的成功信念

培育坚定不移的成功信念就是要培养自信心，坚强的自信心是取得成功的基本前提。凡是成功的人，都具有很强的自信心。巴尔扎克说过："我唯一能信赖的，是我狮子般的勇气和不可战胜的从事劳动的精力。"正是这种自信，支撑他写出了《人间喜剧》这一传世巨著。

3. 培育顽强的创造意志

意志不是先天的。意志是在实践中、在奋斗中逐渐被培养和锻炼出来的。创造活动困难重重，本身就是一个很好的锻炼环境和机会。意志品质的培养可从以下几方面进行：一是树立远大的奋斗目标，激发达到远大目标的强烈愿望和必胜信念；二是在创造实践活动中获得意志品质的锻炼和体验；三是针对自己意志品质的特点，有目的地加强自我锻炼；四是依靠纪律的约束力加强自律，以规范自己的行为；五是多参加磨炼意志的体育活动，在锻炼身体的同时培养自己的意志品质。

4. 培育健康的创造情感

因为情绪是情感的外部表现，情感是情绪的本质内容，因此培育情感就是掌握控制情绪的心理方法。控制情绪的心理方法主要有：一是意识调节法。人们以自己的意志力量来控制情绪的变化，用社会规范和理性标准来约束自己的情绪，使自己成为能驾驭情感的人。二是语言调节法。语言是体验和表现情绪强有力的工具，通过语言可引起或抑制情绪反应。即使是不出声的内部语言，也能调节自己的情绪。例如，挂在墙上的条幅，摆在案头、床边的警句、对控制紧张情绪大有益处。三是注意转移法。注意转移就是把自己消极的情绪转移到有意义的方面。如在烦恼时，欣赏一些能唤起内心正向力量时的音乐，就能收到良好的效果。.创新精神的内容同时体现一种创造人格，而创造人格决定人的生存品位《我们平时应保持愉快的心境和积极的情绪，遇到失意之事要保持豁达的态度，自我解脱困境，要有幽默感，从而调节好自己的情绪。

5. 培育质疑精神

疑问、矛盾和问题常常是开启思维的钥匙。创新学鼓励人们敢于疑别人之不疑，善于想别人所未想。实践表明，不敢提出问题、不善于提出问题和缺乏怀疑精神的人，是决不会取得创新成果的，质疑精神可从以下几方面进行培养：一是要勤思。俗话说"勤思则疑％尤其是在遇到问题时，要善于自觉地进行独立思考，多问几个"为什么"，要有寻根究底的习惯。二是理智地控制自我，在未发现自己错误前，尽量做到坚持己见而不随波逐流。三是在争论问题时，尽力避免从众心理，不要屈从于群体压力。四是要有坚强的自信心，敢于提出问题。五是不要满足于现状，要保持追求创造的"饥饿感"，这样就一定能提出大量的问题。六是要有"吹毛求疵"的精神。因为，在人们熟视无睹的地方往往会找到问题的症结，从而做出创造发明。

6. 培育勇敢精神

勇敢被誉为创新者的第一素质。进行创造活动，就是要去做别人没想过、没做过或没做成功的事，因此没有勇敢精神是不行的。创新是有风险的探索活动，而创新的最危险敌人就是胆怯，在创造过程中，胆怯往往会磨灭想象力和独创精神，胆怯常常会使一个正在叩敲真理大门的人失去发现真理的机会。著名数学家高斯早在 1824 年前就创立了非欧几何，但由于胆怯，怕发表后遭人嘲笑，一直到去世也不敢公布该项研究成果。英国工人史蒂文森制造的第一辆火车，仅能拉 30 吨煤，时速也仅 4 英里，而且声音很大。很多人都对史蒂文森的火车不屑一顾，讥笑史蒂文森的车子虽不用马拉，但吼起来却比几千匹马还要响，然而史蒂文森并没有因此而退却。他又用了 11 年时间，终于制成世界上第一辆客、货运蒸汽火车"旅行号"，时速达到 12 英里，完成了人类交通史上的伟大创举因此，我们要有不怕失败的精神，要有坚强的意志和敢于向逆境抗争的决心，要有百折不挠、坚韧不拔的毅力。

（二）培养创新素质

创新素质包括智力素质因素和非智力素质因素。智力素质因素包括吸收能力、记忆能力、想象能力、观察能力和实际动手能力。而与创造开发最为密切的非智力素质因素有自信、质疑、勇敢、勤奋、热情、好奇心、兴趣、情感和动机等。培养创造性人才，就是要提高他们的智力素质因素和非智力素质因素，非智力因素的培养，即创造精神的培育。在这里，再简单介绍一下智力素质因素的培养。

1. 吸收能力

吸收能力包括学习能力和信息收集能力。

（1）创造性自学能力，现代科技发展极为迅速，人类知识总量急剧增加。据联合国教科文组织的统计，现在几年的人类知识总量超过以往所有知识的总和，知识老化周期则缩短为 5 ~ 10 年。这使人们深刻地认识到，未来的文盲不是识字不多的人，而是没有自学能力的人。没有较强的自学能力，在从事创造活动过程中，就会感到知识陈旧，方法过时，技术落伍，手段单一，就不能胜任时代赋予的重托。古今中外无数发明创造的成功事例都告诉我们，自学能力是创新者披坚执锐的有力武器。因此，培养创新素质首先必须强化自学能力，特别是创造性的自学能力。这种能力可使创新者不断获得新知识，增强自身的创新素质 6 培养创新性自学能力可从以下方面人手。

第一，顽强与勤奋。古人云："书山有路勤为径，学海无涯苦作舟。"我国古代就流传着"头悬梁、锥刺股"的故事，古人为追求功名刻苦读书。同样当代也有许多有志者，他们克服重重困难，通过刻苦努力地学习，最终获得成功，我国数学家华罗庚就是其中的一位。华罗庚小时候天资并不好，有点"笨头笨脑"，功课勉强及格，后来患伤寒病左脚残疾。然而，"顽强与勤奋"终于使他成为举世闻名的大数学家。因此，华罗庚将自身的成才之道总结为"勤能补拙是良训，一分辛劳，一分才"。

第二，勤学好问，多思善疑。在"学"和"思"之间，"学"是基础，只有在勤学的基础上好问，才能学有心得，学得深入。学、问、思、疑是学到知识、练好本领、有所创新的重要环节，而多思善疑是其核心。古人云："学而不思则罔，思而不学则殆。"疑点、问题常常是学习中的难点和重点，在关键处抓住这些问题，深入思考，则会使学习不断深入。多思善疑就是要不断思索，一问到底，举一反三，学以致用。

第三，科学的读书方法。读书要掌握科学的方法。首先要掌握泛读又称博览与精读交叉的方法。古今中外善读书者，都善于将泛读与精读巧妙结合。泛读就是用较少的时候，浏览大量的书刊，用以扩大知识面，开阔眼界，更快地掌握新科学、新知识、新动向。精读就是对自己正从事研究的有关资料，专心致志地深入研读。

（2）信息收集能力。创造离不开信息，处处都有创造的基本素材。作为一个创新者，对信息、情报需要有十分敏锐的感知能力，有收集、整理和分析信息的能力。现代几乎所有做出发明创造的人，大都是具有情报获取优势的人。精通情报、信息的收集和运用方法，对提高创造效率具有极大帮助。必须通过信息窗口，了解社会上已取得的创造成果和继续创造的动向。

2. 记忆能力

记忆力是人脑对所经历事物的反应能力。记忆是智能的仓库、学习的基础。

凭借记忆力，人们才能不断储存和提取知识，发挥才智，使人聪明起来。记忆力是创造性人才工作、学习和创造所不可缺少的基本条件，是人脑贮存和调用过去经验知识的能力。据粗略统计，人的大脑可储存高达几百万亿比特的信息，相当于 5 亿本书所包含的信息总量。正是由于人脑的记忆潜力非常强大而又神秘，因此人们必须尽可能地开发和利用它们，掌握先进的记忆理论，运用科学的记忆方法，为创造服务。

（1）记忆品质。良好的记忆力具有 6 项特性：①敏捷性。即记得快，能在较短的时间内记住尽可能多的东西。②正确性。即记得准，能把该记忆的东西准确无误地保存到头脑中。③持久性。即记得牢，能把头脑中已经记住的东西长期稳定地保持住。④灵活性。即记得活，需要时能把记住的东西，灵活、准确地从头脑中提取出来加以运用。⑤系统性。按照事物的严格体系有意识地去记忆并命名并且有条不紊。⑥广阔性。就是在博学的基础上去记忆多方面的事物。

（2）提高记忆力的诀窍。①有明确的记忆目标。学习时记忆目标明确，大脑细胞就会处于高度活跃状态，大脑的记忆痕迹就清晰，就容易记忆。②注意力高度集中。学习时注意力高度集中，输入的信息在大脑就会形成特别强烈的兴奋点，接受事物的印象就会深刻。③坚定记住的信念。越是相信自己能记住，就越容易记住。④在理解的基础上记忆。记忆活动与思维活动是密不可分的。在记忆过程中，多思、多想，就会增进记忆。⑤及时进行复习。不少心理学实验都证明，复习对提高记忆力十分必要。根据心理学研究，人的记忆遗忘率一般为 20 分钟内 47%，2 天以后 66%，6 天以后 75%，1 个月后 80% 以上。及时复习，可使遗忘率的增长变缓。心理学的另一项实验表明，人要想记住一件事，必须经过 8 次反复记忆才行 p ⑥讲究记忆卫生。就是说只有在劳逸结合、身心放松的情况下，大脑才能保持良好的记忆能力。记忆有最佳时区，此刻的记忆效果最佳。

（3）科学的记忆方法。科学的记忆方法，能使记忆效果事半功倍。不仅能提高记忆效率，而且有助于改善大脑的功能，挖掘大脑的工作潜能。创造性人才不但应掌握行之有效的记忆方法，而且应根据自身特点，形成独具特色的记忆习惯。常见的几种记忆方法有：①系统记忆法。它把复杂的、有着内在联系的事物，经过归纳整理，找出规律，使之系统化，条理化，便于记忆。②重点记忆法。抓住事物本质的、最关键的部分，起到"纲举目张"的效果。③形象记忆法。把要记忆的事物，特别是那些抽象、难记的事物形象化，用直观形象去记忆。而且，这种形象越离奇、越新鲜越好。④联想记忆法。记忆与联想有着密切关系。客观存在的事物是处在复杂的关系和联系之中的。人们在回忆某个客观事物时，总是不自觉地按照他们彼此的关系和联系去识记、保持和重现的。采用联想记忆法进行记忆，通常的做法是将需要记忆的事物与原先已记忆在脑中的一些事物之间建立起联想，并把新旧记忆之间的相同、相近、相似或相关之处有机地串联起来，一环紧扣一环，使之条理化，这样十分便于记忆。⑤归类记忆法。就是按照事物的同一特点或属性，把它们分类，使分散趋于集中，零碎的构成系统，杂乱的形成条理。这样更容易强化在大脑皮层中形成的条件反射，使之牢固地保持在记忆中。⑥回忆记忆法。利用睡前或空闲时间进行回忆和复述。⑦练习记忆法。通过把知识运用到实际工作中去来记忆。⑧趣味记忆法。把要记忆的事物编成口诀、故事、顺口溜，以提高自己的兴趣，强化记忆效果。

（4）记忆的规律。掌握记忆的规律，对增进记忆十分有益。这些规律主要有：①记忆的根本——背诵；②记忆的益友——争论；③记忆的基础——理解；④记忆的窍门——重复；⑤记忆的媒介——趣味；⑥记忆的捷径——联想；⑦记忆的动力——应用；⑧记忆的助手——简化；⑨记忆的仓库——卡片。

3. 想象力

想象力即人的形象思维能力，是在记忆的基础上，通过思维活动把对客观事物的描述构成形象，或独立构思出新形象的能力。想象力的培养可通过以下几

种途径。

（1）积累丰富的知识和经验。丰富的知识和经验是想象力的基础。通过想象，把过去的知识和经验加以加工、改造和构思，形成新的印象。人们的知识和经验越丰富，想象力越强，就越能发挥想象力的作用，创造成功的可能性也就越大。

（2）强化好奇心。好奇心是一种对自己尚不了解的事物、能够自觉地集中注意力，想把它弄清楚的心理倾向。好奇心可以使人产生兴趣，促进创造，但好奇心容易激发，却难以保持。要强化自己的好奇心，重要的是要善于向深处发展，不断提出新问题、新疑问，不断激发新的好奇。

（3）培养创造激情。人的情绪对想象的丰富性、想象的强烈性、想象的倾向性都有影响。列宁指出："没有人的情感，就从来没有、也不可能有人对真理的追求。

4. 观察能力

观察是一种有目的、有组织的知觉，是全面、正确、深入地认识事物特点的能力。观察是创造的源泉，创造性人才的培养必须增进其观察能力。培养观察能力的主要途径是养成良好的观察习惯和掌握一定的观察方法。

（1）养成良好的观察习惯。所谓良好的观察习惯，是指乐于观察、勤于观察和精于观察。乐于观察是指对周围的事物有强烈的兴趣；勤于观察和精于观察是指坚持进行长期的、系统的观察，在观察过程中，要注意事物的细枝末节，注意留心偶然发生的意外现象，从中寻找出有价值的、富有启发性的线索。

（2）掌握一定的观察方法。①整体观察。整体观察是指对一件新事物，通过归纳和判断，了解事物的主要属性和特征，形成最基本概念的观察过程。观察前，可选择一个常见的事物作为观察对象的参照物，观察时注意观察对象与参照物之间的区别。②重点

观察。重点观察是指对某一事物的具体特征作进一步观察，以获得更深刻、更全面的认识过程。在观察前，应确定好观察顺序，按一定的顺序进行观察。也可以将观察对象，分割成若干局部的事物，然后逐个按局部进行观察。

总之，观察能力的培养不是一个独立的过程，它与思维和知识，尤其是与经验的积累密切相关。知识渊博、经验丰富、思维敏捷，才能"目光敏锐""独具慧眼"。因此，观察能力的培养必须不断积累经验，丰富知识。

5. 分析能力

分析能力是通过思维认识事物的各种特性，特别是认识事物本质的能力。创新活动的根本在于寻求解决问题的新方法以及创造发明新事物。就创新活动的整个过程来看，应包括觉察需要、找出关键问题、提出最佳方案及最终实现创造。提高分析能力的主要途径是经常、主动地积极分析各种事物，即通过实践来加以提高。此外，经常参加一些解决问题的分析研讨会、在会上倾听别人对问题的分析以及别人对自己分析的评价。平时，多看一些分析文章和材料，从中吸取别人的分析方法，也都是一些有效的途径。

6. 实际动手能力

创新者在产生某个设想后还需完成这个设想，即把设想变为现实。因为一个完整的创新应有制成的样品，并经过实验验证已达到预期目标，随时可以投入市场或使用。在创新者把设想变为现实的过程中，需要创新者具有一定的实际动手能力，如绘制加工图、制作样品模型，以及进行相关的实验等。因此，实际动手能力是创造性人才所应具备的基本技能之一。

第五节　基于职业生涯规划发展的大学生创新创业教育

在全国政协经济界联组会上，习近平总书记强调"全面强化稳就业举措"，可以说稳就业就是稳民生，就业是最大的民生。在互联网时代下，企业更为需要既懂技术，又懂理论的综合型人才，因此，各类企业对于毕业生提出了更多、更高的要求，进一步加剧了高校学生的就业压力。在这一背景下，要想实现成功就业，就需要大学生对自身的优势劣势充分了解，做到知己知彼，用发展的眼光看待社会与行业。如果大学生未明确规划自身的职业生涯，或是职业生涯规划不合理，则较大可能导致毕业后出现升迁无望、频繁跳槽等现象，不仅影响到自身的未来发展，也不利于企业与社会的发展。所以，为了帮助大学生提高生涯成熟度和人生幸福感，促进大学生成功就业，实现良性发展，在互联网时代下各地高校就须抓住机遇，有效革新大学生职业生涯规划教育，帮助学生更多了解社会和企业的用人需求，全面分析自身的劣势和优势，合理制定就业目标，阶段性规划个人的职业生涯。

一、高校创新创业教育的现状

（一）对创新创业教育认识不到位

当前的创新创业教育虽然得到政府的大力倡导，但制度仍不完善，无法实现真正的创新。大多数高校对创新创业教育的认识还不到位，只是将它简单纳入就业指导课程中，甚至有些学校仅以开办几场创业类讲座作为创新创业教育，尚未形成规范的课程设置和教学体系。所以不难看出，目前高校对开展大学生创新创业教育重要性和必要性的认识还不够，没能真正将其纳入学校的人才培养体系。

（二）教育内容与形式单一化

当下，高校创新创业教育多是以比赛的形式呈现，如"职业规划大赛""挑战杯""互联网＋"等，方式较单一，师生只是参与比赛，没有更多地付诸实践，无法与社会接轨。校内的创新创业活动多是由学生社团组织的相关活动构成，并没有发挥实际作用。且创新与创业教育二者应是并轨进行的，但目前却是基本分离，创业教育由于缺乏创新教育的支持，内容变得空洞，更谈不上与专业教育结合，很难实现学生创新意识和创业能力的提升。

（三）创新创业教育师资较匮乏

目前，创新创业教育师资力量薄弱是高校普遍面临的问题，缺乏专门的课程教师，拥有创业指导教师资格的更是少之又少，很难满足双创教育的教学要求。大多数高校都是由辅导员或就业指导中心的教师兼任，这些教师大多是半路出家，没有经过系统的培训，仅凭书本上的创新创业知识或间接了解到的创业经验来对学生进行创业指导，且普遍缺乏实践经验，很难满足对大学生进行有效实践指导的目的。

（四）缺少足够的经费支持

创新创业不仅需要社会的高度重视，更需要财力物力等方面的支持。尽管政府制定了不少优惠政策来支持"双创"，也出台了很多对应的措施，提供了更多的发展机遇，但很多高校对经费支出还不够重视，各项激励体制也不完善，社会上各类经济组织的参与积极性不高，无法有效支持优秀学生的创新创业活动，"双创"教育和实践模式也无法实现优化。

二、互联网时代下高校教育的革新

（一）课程设置灵活多样

传统的高校课程主要由专业教育、基础教育及通识教育等部分组成，此种课程设置显得较为刻板，不够灵活多样。诚然，此种和现实需求存在一定出入的课程设置，在几十年的发展历程中获得了一些成绩，但很难满足互联网时代下现实社会和大学生的实际需要。重视知识而忽视能力、注重社会而忽略个人、关注共性而失去个性的做法，将会给大学生的想象力和思维形成较大限制，给其知识接触范围形成制约，导致学生缺乏良好的学习兴趣、知识结构不完善、创新能力不足。在互联网时代下，大学生职业生涯规划教育课程设置更为多样灵活，从统一到个性、从理论到实践，为了更好适应学生自身、社会整体的要求，要及时进行针对性动态调整。

（二）教学技术快速发展

作为特定的一种信息，知识从产生到筛选、输出及吸收，是循序渐进的一个过程，而这一过程，离不开相应媒介的支持。伴随科技的日益成熟、经济社会的不断发展，涌现出了许多先进的技术和手段，并且这些手段被越来越多运用到实际教学工作中，如通信技术、网络技术和多媒体技术等。通过对这些技术的运用，使过去的单机学习实现了信息共享和即时交流，这些变化推动着高校教育迈向更高水平。具体而言，学生拥有了更为充实丰富的信息量，学生能够利用网络上大量的教育资源展开学习；涉及更为广阔的主体，网络的普及使不同国家、地区的学生或各界人士都能一同学习，不再局限于校内的每个班级、每个学生，进而实现教育资源的社会共享；地点与时间更为灵活，任何时间、地点学生都能够接受教育；课程设置打破了原有课程设置的固定模式，更为个性化，有助于教育者的教学实效性及学习者学习积极性的提升。

（三）教学方式高效便捷

高校教育在网络、多媒体等新技术普及前，主要采用播放录音、张贴用图、写板书等方式展开教育。但这种方式，在互联网时代下的作用逐渐减小，不仅无法保障教学的实际效果，甚至在烦琐的教学准备环节中，会让教师对备课产生疲倦心理，也不利于学生学习积极性的调动。而在互联网时代下，高校教育凭借发展迅速的技术手段，以及灵活多样的课程设置，能够让教学方式更为便捷、高效。例如，通过"智慧教室"、多媒体展示等方式，能够给学生听觉、视觉等方面带来更好的交互体验，使课程趣味性增强，进而不仅提高了教师的教学实效，也提高了学生的学习积极性、主动性，使学生受到更为良好的职业生涯规划教育。

三、大学生职业生涯规划与创新创业教育的相互作用

大学生职业生涯规划教育与创新创业教育二者是相辅相成的，职业生涯规划教育能够帮助大学生进行合理的职业定位，而创新创业教育则有利于挖掘个人潜力，激发开拓进取精神，为职业规划奠定基础。

（一）职业生涯规划可以帮助大学生进行职业定位

科学合理的职业生涯规划对大学生创新创业教育具有重要意义。它能够引导学生选择适合自己的职业，提高就业竞争力，日后在职场中可以脱颖而出，成为行业的佼佼者。而作为行业的佼佼者，必然要求拥有创新素质和能力，而这一能力与大学生职业规划相呼应，职业规划合理，职业定位准确，才能突破从众心理，敢于创新，大胆实现创业。在正确的职业生涯规划引导下，能够减少创业过程中的盲目性，坚定创业信心，能够帮助学生摆正创业心态，了解创业的困难性，并对照当前形势，以科学的方法对自己能力加以提升，克服和规避在创新创业过程中碰到的问题，提高成功率。

（二）创新创业教育为大学生职业生涯规划奠定了基础

创新创业教育可以帮助高校学生培养创新意识，树立创新思维，启发他们用创造性的思维解决未来职业发展过程中所遇到的问题。将创新创业教育融入职业生涯规划的内容和环节中，可以培养大学生的进取精神，促进其所学知识和技能的转化，增强干事创业的积极性和主动性，培养社会责任感，激发大学生合理规划职业目标，积极参与到创新创业活动中去，以更好地适应当前社会的发展要求，达到培养大学生创新创业思维能力的目的，为他们的职业生涯发展规划奠定良好的基础。

（三）创新创业教育可以引导大学生主动进行职业探索

大学生创新创业教育，通过了解创业知识，培养创新创业意识，促使学生在未来的职业生涯中不断地进行创新，更好地培养将来从事不同职业所需的知识和技能。职业生涯是一个动态发展的过程，随着大学生对自我认知的深入，以及对未来职业的不断了解，他们会根据这些变化，对个人职业规划进行适当的调整。创新创业教育就是要引导大学生找准"落脚点"，主动地进行职业探索，找准自己的职业兴趣与爱好，在职业生涯的发展中不断调整和完善自我，以适应外部职业环境的变化，使自身的职业规划与社会发展互动。

四、基于职业生涯规划的大学生创新创业教育有效路径

（一）营造创新创业文化氛围，打造人才培养新高地

高校要重视校园文化建设，努力营造创新创业的良好氛围。要与创新创业政策部署相向而行，强化创新意识，营造有利于创新创业的发展环境。第一，学校要科学设置各类课程，合理利用学校各种要素，激发学生动力，提升创新创业教育质量。第二，学校要加强创新创业宣传，可以通过校园网站、宣传栏，利用校园广播、网络传媒等，宣传有关优秀校友以及大学生创新创业的典型事例，邀请社会上的创业成功人士来分享创业经历，调动大学生的认同感和积极性。同时，将创新创业教育贯穿于大学教育的始终，强化创新创业

教育与专业教育的融合，以教学为中心，在专业课程的基础上，与专业未来的就业方向相结合，在课程中增加创新创业的相关内容，鼓励学生积极参与社会实践活动，推动校园创新创业文化建设。

（二）依托职业生涯规划，健全创新创业教育

高校创新创业教育课程是开展大学生创新创业教育的基础。在"双创"背景下，目前高校均开设相关的课程，尤其是通过职业生涯规划课程的系统学习，能够使大学生明确自身定位。通过职业规划，引导他们树立正确的就业创业观，防止学生进入社会后盲目求职，在进入社会前对学生的就业、创业观念进行引导。职业生涯规划应该紧跟当前的社会形势，教学更需要贴近实践，课程设置要有科学性，要理论结合实际，通过创新创业相关案例的教学，引导学生对于案例进行反思。再通过积极参与职业生涯规划大赛、创新创业大赛等赛事开拓学生的创新思维，培养大学生的创新创业能力。同时，鼓励学生参与各类创新创业课题，引导学生组建创业团队。在课程设置上，注重大学生的个性化培养，因材施教，针对不同学科、不同专业年级的学生，结合当前社会环境，开展创新创业活动，把握创业新特点、新规律，用最适合自己的方式实现创业成功。

（三）加强师资力量，建设专业的指导队伍

师资队伍建设是高校创新创业教育体系的关键。第一，高校应针对当前创新创业指导教师队伍的现状，建设完整的创新创业教师培养体系，以发展性评价指标为引导，对教师进行系统培训，使他们不仅要掌握书本知识，更要引导教师自我规划、自我发展，鼓励教师多交流，掌握当前时代的创新创业经验。第二，明确激励机制，根据教师对于创新创业的理解、课堂表现、学生评价等，对一些优秀的创新创业指导教师给予更多的培训和交流，尤其是加强校企之间的交流，为教师提供更多的学习和实践机会。同时，也可以聘请一些企业家和创业成功人士开设创业讲座，分享创新创业的成功经验，让教师了解当前的创新创业模式，让他们能从更加专业的角度为学生提供创业咨询和辅导，并带动学生投身于创新创业实践中去，确保创新创业教育的整体水平不断提升。

（四）培育校外实践基地，积累社会实践经验

实践教学是培养大学生创新创业能力的重要环节，也促进从理论知识向实际应用的转化。大学生在职业生涯规划已经明晰的情况下，实践环节应及时跟进，培育和依托校外实践基地，组织师生到企业实地参观交流，完善政府、高校、企业协同创新的平台。首先，学校要主动对接地方政府，共建创业孵化园，为大学生创业活动搭建更高的平台；其次，积极开展校企合作，与企业共建创新创业基地，通过发挥各自优势，适当开展项目合作，促进资源深度融合，更好地实现可持续性发展；再次，鼓励大学生积极参加各类有益的社会实践，结合所学专业和市场需求，根据自己的职业生涯规划，到所擅长的领域去实习，

深入企业一线，积累创业经验，坚定创新创业的信念，积极投身创新创业。

五、互联网时代大学生职业生涯规划教育的创新

（一）整合优质资源，建构学习平台

要想有效推进教育公平，提升教育教学质量，使学生拥有更理想的学习积极性，就离不开优质的教育资源。在互联网背景下，催生了多种教育资源，如慕课、微课、网络教育等，提供给了大学生自主学习丰富的学习资源。虽然互联网上拥有着诸多职业规划教育的学习资源，但网络资源具有冗余化、碎片化的特点，真假难辨、鱼龙混杂，其中不乏一些错误信息，这就使得学生可能被误导。因此，这就需要学校采用共享、共建的方式，大力整合网络教育资源，以获得更为理想的教育教学效果。具体而言，一方面要重视建设师资队伍。虽然，教师的角色在互联网时代下发生了变化，但其作用并未被弱化，甚至对于教师素质提出了更高的要求。在互联网时代下，需要教师既掌握丰富的职业生涯规划理论知识，又能对互联网技术进行良好利用。所以，为了实现大学生职业生涯教育创新，提高教育效果，就需要建设良好的师资队伍。应由企业管理人员、职业规划师、本校教师等组成更为多元的，职业生涯规划教师队伍。另一方面，对网络教育资源进行优化整合。要取得良好的教育效果，需要优质的教育资源作为保障。由于网上的教育资源参差不齐，可能会误导学生，耽误学生的学习时间。因此，应进行优化整合，将符合大学生实际需求、特点的优质网络教育资源甄选出来，然后将之分享到学习平台上，让所有学生都能接触更优质的教育资源。具体操作中，其一，要对学生的需求与特点进行全面分析，然后在此前提下重视选择贴近实际、现实生活的典型实例，强调学生自学，立足某节知识点进行微课录制，通过网络平台将电子课件、教案等分享给学生；其二，与同类型培训机构或高校进行合作，一同进行优质教育资源的开发，对网络上的优质课程进行筛选，对各高校的优质资源进行整合，以更好发挥出优质教育资源的作用，使教育资源分布不均衡的情况得以改善，为实现教育公平形成有效推动。

（二）加强教学效果，开展混合式教学

在互联网时代下，网络教学得到长足进步，微课、慕课等方式都受到了学生的广泛认可，更利于学生学习兴趣的激发。然而，网络教学的发展并不意味着，传统课堂教学就完全不可取，应该将两者有机结合，互补其优势，以实现教学质量的提升，对此，应进行线上线下有机结合的翻转课堂模式构建。一是，把学生分为若干个小组，建议每组最多10人，组内成员轮流担任组长，负责组织小组进行学习、探讨；二是，在课前准备环节，教师应结合学生的学习特点，选择适当的教学计划、微课、慕课、任务要求等，将之发送给组长，引导学生展开自学，并将作业完成。三是，组长在课堂上，要结合作业情况来汇报学习成果以及存在的一些问题，同时，各小组间也可针对问题展开互相交流、讨论，以实现学习

知识的巩固内化，教师在这一过程中，则选择适当的时机介入予以评价，对学生存在的疑惑做耐心解答；四是，每位学生在课后要进行学习心得的撰写，并进行提交。此种以微课、慕课为基础的翻转课堂教学模式，无疑符合当前大学生职业生涯规划教育的新要求，[5]既帮助学生突破了空间、时间的限制，又能够通过反复观看，将知识完全吸收、弄懂，使学生个性化学习需求得到良好保障。同时，采用分组讨论的方式，也使学生的团队合作精神得到进一步培养，促进了学生交流能力的提升。此外，也很大程度减轻了教师的教学压力，进而能够抽出更多时间展开教育教学研究，以使自身教育教学水平不断提升。

（三）强调个性发展，搭建网络互动平台

多样化是现代市场对于人才所提出的一项重要需求。这要求高等院校应满足学生多元化的需求，重视学生的个体差异，以促使其个性化发展。要知道所有学生都是独立的个体，他们的就业去向、价值取向、成长环境等都具有较大差异，因此关于职业的困惑也有不同，因此，高校有必要推出个性化职业生涯规划辅导。而互联网的隐匿性、便捷性和交互性，则在技术层面提供给大学生个性化发展的良好支持。师生之间、学生之间，能够不受身份、空间、时间的限制，对困惑、知识、信息等问题展开交流、分享、讨论、学习，形成学习共同体。

具体而言，其一，着手师生交流平台的建立。交流所具有的隐匿性，能使教师和大学生间的距离进一步拉近，使大学生的心理防卫和隔阂进一步减少，有助于师生间展开平等、深入的交流，进而真正做到因材施教，使学生的现实困惑得以解决，使学生的多样化需求得到良好满足。学生在交流平台上能提出自身的疑惑，由教师对学生职业发展中的困惑做在线解答，并提出有关建议。并且，还可邀请职业规划师、职业经理人、企业家和知名学者等在线与学生进行交流，以解答学生的职业困惑。其二，着手学生交流平台的建立。同辈间的教育属于感染性教育，他们互相之间有着平等的地位、共同的话题，进而对于彼此提出的建议也更容易接受，在这一平台中，学生能够取长补短、相互交流，实现同步发展。同时，可在校内选拔能力出众、理论扎实、意志坚定的学生干部，让其担任交流平台管理员，使之成为职业发展的志愿者，让其正面作用逐步影响到身边的同学。

在互联网时代下，要想帮助学生成功就业，实现良好发展，就须重视创新大学生职业生涯规划教育。本文建议从建构学习平台、开展混合式教学、搭建网络互动平台等方面着手，实现大学生职业生涯规划教育的创新，帮助学生更多了解社会和企业的用人需求，合理制定就业目标。

参考文献

[1] 陈磊. 大学生职业发展教育 [M]. 重庆：重庆大学出版社，2018.

[2] 程欣，吕久燕. 大学生职业生涯规划与就业创业教育 [M]. 北京：北京邮电大学出版社，2017.

[3] 崔邦军，薛运强. 大学生入学教育与职业发展规划 [M]. 北京：北京理工大学出版社，2018.

[4] 范东亚，谭荣. 大学生职业生涯规划与创新创业教育 [M]. 重庆：重庆大学出版社，2019.

[5] 付永生，何鹏. 大学生创新创业基础 [M]. 北京：北京理工大学出版社，2017.

[6] 耿丽微，赵春辉，张子谦. 高校大学生创新能力培养与创业教育研究 [M]. 成都：电子科技大学出版社，2017.

[7] 江小卫. 新编大学生职业生涯与发展规划 [M]. 成都：电子科技大学出版社，2016.

[8] 寇宝明. 大学生职业生涯规划 就业指导与创新创业篇 [M]. 北京：北京理工大学出版社，2016.

[9] 鲁宇红. 大学生职业生涯规划与就业指导 [M]. 南京：东南大学出版社，2008.

[10] 戚健，张雅伦，张丽丽. 大学生创新创业实训 [M]. 北京：北京理工大学出版社，2018.

[11] 任晓剑，姚树欣. 大学生职业规划与创新教育 [M]. 国家行政学院出版社，2017.

[12] 苏建福. 高职院校学生思想政治教育工作创新实践 [M]. 天津市：天津科学技术出版社，2017.

[13] 王鑫，高炳易，盛强. 高等职业教育创新创业课程系列教材 创业与创新实务 [M]. 北京：北京理工大学出版社，2017.

[14] 肖呈生. 大学生思维政治和创业教育教程 [M]. 北京：原子能出版社，2017.

[15] 杨克林. 大学生职业生涯规划 [M]. 北京：北京理工大学出版社，2015.

[16] 张雅伦. 大学生创新创业基础教程 [M]. 北京：北京理工大学出版社，2018.